IKONEN

HELMUT BRENSKE

IKONEN

VIER-TÜRME-VERLAG, MÜNSTERSCHWARZACH

CIP-Titelaufnahme der Deutschen Bibliothek

Brenske, Helmut:
Ikonen / Helmut Brenske. – 2. Aufl. – Münsterschwarzach :
Vier-Türme-Verl., 1990
ISBN 3-87868-399-5

Die in diesem Buch abgebildeten Ikonen
entstammen der Privatsammlung Helmut Brenske, Hannover.
Das Buch wurde mit Unterstützung der „Gemeinschaft der Ikonenfreunde",
3000 Hannover 21, Machandelweg 11, herausgegeben.

Gesamtherstellung: Vier-Türme-Verlag, D-8711 Münsterschwarzach

ISBN 3-87868-399-5

INHALT

VORWORT

Die erste Auflage als Taschenbuch war überaus schnell vergriffen. Auf Grund der vielen Nachfragen haben wir uns entschlossen, eine zweite Auflage herauszugeben, in neuer, besserer Aufmachung.

Das Gebiet der Ikonen nimmt in der kunstgeschichtlichen Forschung einen noch variablen Stellenwert ein. Im Unterschied zu anderen Ländern haben wir im Bundesgebiet keinen Ansprechpartner an den Hochschulen, der sich ausschließlich dieses Themas angenommen hat. Es wundert daher nicht, daß manch neue Erkenntnis auch in der Überarbeitung dieses Buches eingeflossen ist.

Ikonen haben vielseitige Aspekte aufzuweisen: Neben dem künstlerischen und ästhetischen Wert ist der Glaubensinhalt entscheidend. Als Zeugnis christlichen Glaubens gilt diese Botschaft auch für die Jugend und weitere Generationen. Die meditative und beruhigende Ausstrahlung der Ikonen hat viele in den vergangenen Jahren in den Bann gezogen. Daneben ist es besonders interessant, die umfangreiche Symbolik der einzelnen Themen zu studieren. Dabei soll dieses vorliegende Buch helfen.

So besteht für den Leser die Möglichkeit, sich kunsthistorisch und geschichtlich zu informieren.

Helmut Brenske

Zum Geleit

„Rußland - das ist das Land, wo die Menschen einsame Menschen sind, jeder mit einer Welt in sich, jeder voll Dunkelheit wie ein Berg; jeder tief in seiner Demut, ohne Furcht sich zu erniedrigen und deshalb fromm." Nicht Rußland allein ist die Welt der Ikonen, aber was Rainer Maria Rilke mit seinem dichterischen Wort von der russischen Seele sagt, mag für die Welt der Ikonen gelten. Vieles läßt sich über sie aussagen, und Helmut Brenske, ihr meisterlicher Liebhaber, hat darauf hingewiesen, daß sie auf Bibelstellen zurückgehen, daß sie Möglichkeiten sind für Analphabeten, sich das biblische Geschehen zu vergegenwärtigen, daß sie Gebetshilfen sind und Wandschmuck. Gerecht wird man Ikonen nur, wenn man wie der Gläubige in ihrer lebendigen religiösen Umwelt mit ihnen und selbst in ihnen Präsenz, Allgegenwart des Göttlichen gewahr wird. Daß eine Ikone mehr ist als ein Bildnis, deutet sich in der Pflicht des Ikonenmalers zu christlichem Lebenswandel an. Ein solches Element der Selbstheiligung - ein Vergleich sei erlaubt - begegnet auch im althellenischen hippokratischen Eid, wo neben vielen Geboten für den Arzt dies sein ernstestes ist: daß er rein und heilig sein Leben und seine Kunst bewahre.

Ikonen sind nicht von unserer Welt, aber sie gehören in unsere Welt, auch und gerade weil diese vom Sinnbild nichts ahnt, weil sie an vordergründiger Sachlichkeit leidet. Manch einer schon »erkennt, daß er nicht erwachen kann; denn er ist wach und verwirrt von Wirklichkeit. So flieht er bange in den Traum«. (Rilke) Wir bedürfen eben des lehrreichen Symbols. Was heute oft Fortschritt heißt, deckt sich nicht mit der gottgeschaffenen Wirklichkeit, die man erkennen will; denn das Eigentliche ist unsagbar - daß wir es nur anzudeuten vermögen, sagt uns die Kirche.

Und Ikonen seien uns religiöse Hilfe! Ikonoklasten sind Bilderstürmer. Wir aber müssen am heilen, weil heiligen Raum Gottes wieder bauen. Was nützen leere Kirchen und volle Museen? Wenn die Religion stirbt, wird es auch keine Ikonen mehr geben, welche den Trost des ewigen Lebens spenden können.

Professor Gerhard Pfohl
Universität München

Einführung

Ikonen sind heilige Bilder

Ikonen, die gemalten Kultbilder der orthodoxen Kirche, sind anders als die Gemälde der abendländischen Kunst. Der westliche Künstler hat alle Freiheiten bei der Wahl des Motivs und der Darstellungsweise: Sein Themenspektrum ist unbegrenzt - nach und nach fanden alle Themen Eingang in die Malerei. Er nimmt die Welt in sich auf und gibt sie in seiner eigenen subjektiven Sehweise wieder. Er kann zum Analysator, Kritiker und Mahner werden. Er wählt die Darstellungsart, die Malweise, die dem Bild seiner Vorstellung nach die größtmögliche Wirksamkeit gibt. Es ist seine Sache, ob das Bild Perspektive besitzt, der Bildraum in die Tiefe führt, ob er die Figuren in ekstatischen Haltungen zeigt, Gefühle und Leidenschaften in Mimik und Gestik in stark bewegten Linien und voller Körperhaftigkeit zum Ausdruck kommen läßt. Er kann mit Farben und Formen experimentieren, seine Bildgegenstände abstrahieren bis zur Gegenstandslosigkeit, wie sie in verschiedenen Kunstströmungen der Moderne anzutreffen ist. Er wählt seinen Stil. Doch der Stil steht auch in einer gewissen Beziehung zum geistigen Hintergrund der Zeit, so daß wir von Epochen sprechen – Renaissance, Barock, Historismus, Realismus, Jugendstil - und damit bestimmte Auffassungen von Leben und Welt meinen, die sich im Stil der Maler jener Zeit – und auch in den gewählten Sujets – niederschlagen. Die Funktion abendländischer Gemälde ist vielfältig – sie reicht von der Anregung zu bloßem Betrachten bis hin zum Nachvollziehen einer erzählten Geschichte und zum Auseinandersetzen mit gesellschaftlichen, politischen und menschlichen Problemen.

Ikonen haben nur eine Funktion: Sie sollen echte Frömmigkeit erwecken, den Betrachter hinführen zu den Offenbarungen des Christentums, zu der Transzendenz allen Seins. Er soll durchdrungen werden von der göttlichen Verheißung und teilhaben an göttlicher Kraft. Diesem Ziel haben sich Thematik, Malweise und Technik, ja selbst die Farbgebung unterzuordnen. Die Themen liegen fest, sie entstammen fast ausschließlich dem religiösen Bereich. Hauptthemen und -motive – sie gehen zumeist auf Urbilder zurück – sind Christus, die Gottesmutter mit Kind, Festtage und die Heiligen. Aus vielfältigen Hauptthemen bildeten sich im Laufe der Zeit Varianten, so ungefähr vierhundert verschiedene Gottesmutterdarstellungen, die sich wiederum von vier Haupttypen ableiten. Die Zahl der Heiligen erweiterte sich auf mehrere Tausend, wenn man die russischen örtlichen Heiligen mitrechnet. Hinzu kamen geschichtliche Ereignisse und Persönlichkeiten, die sich durch besondere Taten für den Glauben hervorgetan haben. Auch Haltung, Gestik und Gesichtsausdruck der dargestellten Personen sind festgelegt. Daran und gegebenenfalls an ihren Attributen sind zum Beispiel ein bestimmter Gottesmuttertyp oder ein bestimmter Heiliger zu erkennen. So gewinnt der oder die Dargestellte für den Anbetenden unverwechselbare Identität.

Im Vergleich zur abendländischen Malerei ist auch der Malweise ein engbegrenzter Rahmen gesetzt; erst mit dem 17. Jahrhundert beginnen sich durch die Aufnahme westlicher Einflüsse die festen Fügungen zu lockern. Auffallend ist eine gewisse Gleichförmigkeit und Starrheit - über Jahrhunderte hinweg scheint sich stilistisch nichts geändert zu haben. Es gibt allenfalls eine geringfügige Perspektive, meist jedoch fehlt sie ganz. Oder man trifft eine sogenannte umgekehrte Perspektive, das heißt, es laufen die Fluchtlinien – statt nach hinten – vorn auf den Betrachter zu, so daß er gleichsam mit in das Bild hineingezogen wird. Eine andere Art der Darstellung ist die Bedeutungsperspektive, das heißt, in einer szenischen Darstellung werden wichtige Personen ohne Rücksicht auf die reale perspektivische Wirkung besonders groß gezeichnet. Raumtiefe gibt es nicht, nur Vordergrund, den die Person oder das Geschehen mit bezwingender Unmittelbarkeit ausfüllt. So wird der Blick des Betrachters nicht abgelenkt von Nebensächlichkeiten, und die dargestellte Person ist auf eindringliche Weise gegenwärtig. Gleichzeitig bewirkt die hoheitsvolle Unnahbarkeit und Entrücktheit, unterstützt durch die Farbgebung, jenen mystischen Zauber, der die Herzen öffnet. Der Körper ist zumeist flächig gesehen, denn schwellende Körperlichkeit würde mehr die Sinne ansprechen, weniger den Geist und das religiöse Gefühl. Die Linienführung ist graphisch und häufig stark bewegt, doch diese spannungserzeugende Bewegtheit wird gebannt durch den relativ starken Schematismus der Komposition. Gesicht und Haltung zeigen Strenge oder ein vergeistigtes Gefühl – berühmt ist die zarte Innigkeit vieler Gottesmutterdarstellungen, besonders wenn Mutter und Kind eng aneinander geschmiegt Wange an Wange dargestellt werden. Starke Gefühle, Leidenschaften gar, sind der Ikonenmalerei wesensfremd. Die Malweise neigt zum Plakativen, Schatten werden vermieden. Doch häufig ist die Person in ein unwirkliches Licht getaucht, das ihre Entrücktheit noch unterstreicht. Lichter in den Augen, feine Farbabstufungen der Gesichtshaut und auf den Gewändern bewirken zuweilen eine sanfte Modellierung. Doch trotz der Einengung durch Regeln konnte sich die Ikonenmalerei weder ganz den Einflüssen der Zeit verschließen, so daß auch bei ihr eine gewisse stilgeschichtliche Entwicklung ablesbar ist, noch der individuellen Handschrift einzelner Maler. Keine Ikone ist wie die andere gemalt, und die Differenzierungen und Nuancierungen verleihen ihr einen besonderen Reiz.

Die Farben werden nicht beliebig gewählt, sondem haben Symbolcharakter, der allerdings noch nicht genügend erforscht ist. Es trifft jedoch zu, daß Gold das Symbol für Licht und Heiligkeit ist, Blau für Himmel und Wasser, Purpur ist ein Zeichen der Göttlichkeit, Rot die Farbe der Liebe und des Blutes, Grün symbolisiert die Vegetation und den Kosmos, Braun die Erde. Auch bestimmte Formen können Symbolcharakter haben, z.B. das rote Tuch, das bei verschiedenen Themen über der Architekturkulisse erscheint und darauf hinweisen soll, daß die Szene eigentlich in einem Raum spielt; doch um der besseren Lichtverhältnisse willen hat man die Szene ins Freie verlegt. Auch die Technik der Ikonenmalerei ist bindend vorgeschrieben und festgelegt in Malerhandbüchern (griechisch: Hermeneia; russisch: Podlinnik) der verschiedenen Malschulen. Nur wenige sind erhalten; bekannt sind das »Malerhandbuch vom Berge Athos« und das »Malerhandbuch der Stroganow-Schule«. Das Athos-Malerhandbuch liegt in deutscher Übersetzung vor. Hier sind das Herstellen und Bemalen einer Ikone, das Verfahren des Farbengewinnens und -mischens sowie die Behandlung der einzelnen Themen, die Ikonographie, beschrieben. Etwa im 6. Jahrhundert kam die Eitempera-Technik auf; sie löste nach und nach die Enkaustik ab, bei der heiße, durch Wachs gebundene Mineralfarben auf die Malfläche aufgetragen wurden. Die frühen Ikonen sind also in Enkaustik gemalt.

Als Malgrund dient eine Tafel aus harzfreiem Holz wie Erle, Linde, Birke, Eiche, im Mittelmeerraum Zypresse, Zeder, Olive, Nußbaum; übliches Format einer Einzelikone etwa 30x35 cm im Hochformat. Sie kann aus einem Stück oder aus mehreren zusammengeleimten Brettern bestehen. Die Stärke beträgt ein bis drei Zentimeter. Ist das Holz gut durchgetrocknet, bringt man auf der Rückseite Querleisten (russisch: Sponki) an, damit sich das Holz später nicht verzieht oder spaltet. Dann wird in der Mitte der Tafel die Malfläche ausgehoben, so daß der Rand ringsum als eine Art Rahmen stehenbleibt, die Oberfläche aufgerauht und mit Leim bestrichen. Ist die Leimschicht trocken, klebt man oft Leinwand auf; sie verhindert Rißbildungen des Holzes und schützt die Malerei. (Bei sehr harten Hölzern und im griechischen Raum ließ man die Leinwand fort, ebenso vorwiegend bei Ikonen des 18. und 19. Jahrhunderts.) Dann wird meist in mehreren dünnen Schichten Levkas aufgetragen, eine Mischung aus Alabasterpulver, feinem Gips und Leim. Nach dem Trocknen und Abschleifen mit Schachtelhalmen, heute mit nassem Glaspapier, ist der Malgrund vorbereitet. Mit Hilfe einer Schablone wird nun die in den Malerhandbüchern vorgegebene Umrißzeichnung eingeritzt. Doch der Maler darf auch leicht von der Vorlage abweichen, und in den kleinen veränderten Details kann er seine Meisterschaft beweisen. Von dem berühmten Ikonenmaler Feofan Grek (Theophanes der Grieche), der in Griechenland, Nowgorod und Moskau tätig war, weiß man, daß er auf Vorzeichnungen verzichtete. Es ist anzunehmen, daß alle Vorarbeiten wie auch das Mischen der Farben unter den Mönchen der Malerwerkstätte aufgeteilt wurden, später, im 18. und 19. Jahrhundert, auch die Malarbeit. So malte z. B. einer die Gewänder, ein anderer das Inkarnat (die Fleischtöne), wiederum ein anderer den Hintergrund, und so fort.

Dann werden die Stellen für Aureolen, Nimben, Gewänder etc., die vergoldet werden sollen, durch Auftragen von Poliment, einer Mischung aus rotem Ton, Wachs und Leinölseife, vorbereitet. Dadurch hält das aufgeklebte Blattgold besser, außerdem verleiht der durchschimmernde rote Farbton der Unterschicht dem Gold ein sattes, warmes Leuchten. In Rußland war das Gold häufig mit

Silber legiert (oder mit einer Silberschicht unterlegt), auf dem Balkan mit Kupfer. Die Farben gewann man aus der Natur: Ocker aus Lehm, Blau aus zerstampftem Lapislazuli, Schwarz aus verkohltem Holz oder schwarzer Erde, Grün aus Grünspan, Rot und Braun aus Zinnober, Gelb aus Schwefel, Weiß aus Blei. Als Bindemittel diente Eigelb, untermischt mit Feigenbaumsaft (Griechenland und Italien) oder Kwas (Rußland). Eitempera ist haltbarer als Aquarellfarbe und gibt den Farben größere Transparenz. Es werden zumeist mehrere Farbschichten übereinander aufgetragen, z. B. für den Körper zunächst Ocker, dann auf einzelne Stellen Gelb und auf diese wiederum Weiß, so daß der Eindruck von Lichtreflexen entsteht. Ähnlich verfährt man auch bei den Gewändern und beim Inkarnat. Zum Schutz der Farbe vor Weihrauch, Ruß und Staub wird zum Schluß eine Firnisschicht aufgelegt, russisch Olifa, gekochtes Leinöl mit Zusätzen von Harz. Im Lauf der Zeit dunkelt die Olifaschicht nach. Nimmt man sie ab, erstrahlt die Ikone wieder in den ursprünglichen frischen Farben.

Ikonen sind im allgemeinen nicht signiert, insbesondere in Rußland. Später wurden griechische Ikonen oft mit einem Signum versehen. So sind uns nur wenige Meister bekannt geworden. Ikonenmalen ist Dienst an Gott, ist Gebet, und der Maler – zumeist ein Mönch – tritt hinter das zur Ehre Gottes geschaffene Werk zurück. Es durften nur Männer Ikonen malen, die demütig und fromm waren, deren Leben im Sinne der Kirche einwandfrei war. Während des Malens mußten sie fasten und beten. Zuvor wurden die Malutensilien einschließlich des Holzes geweiht. Nach Fertigstellung des Ikonenthemas hat man das Kultbild entsprechend einem bestimmten Ritus in der Kirche geweiht, so daß die Beschriftung erst nach dem Weiheakt aufgetragen wurde.

Ikonen gehörten zum kirchlichen wie zum alltäglichen Leben. Sie waren überall dort anzutreffen – in Kirchen, in der Gebetsecke der Wohnzimmer, auf öffentlichen Plätzen –, wo der Beistand einer himmlischen Macht notwendig war. Nicht das Bild wird angebetet, sondern die dargestellte Person, und diese ist das Abbild eines Urbildes, das irgendwann wundertätig wirkte und sich auf seltsame Weise vervielfältigte. Die wichtigsten Urbilder für Christusikonen sind das »Edessenum« und das »Kamulianum«. Sie gelten als Archeiopotai, als nicht von Menschenhand geschaffen. Das Edessenum ist das in einem Tuch abgedruckte Porträt Jesu, das dieser dem syrischen König Abgar V. von Edessa geschickt haben soll, der Jesus um Heilung von einer schweren Krankheit gebeten hatte. Dieses Bild, das 944 von Edessa nach Konstantinopel gebracht worden war, ging 1204 bei der Plünderung Konstantinopels durch die Kreuzfahrer verloren. Dieser Ikonentyp wird Mandylion (vgl. Abb. 74, Seite 124/125) genannt (vielleicht nach dem semitischen Wort mindil, Tuch) und zeigt das von Bart- und Haupthaar umrahmte Antlitz Christi, der jedoch keine Dornenkrone trägt (im Gegensatz zum Schweißtuch der Veronika, das im Abendland verehrt wird). Das Kamulianum wurde von einer Frau aus Kamuliana in Kappadokien, einer Landschaft Ostkleinasiens, in einem Brunnen entdeckt. Auch dieses Urbild gelangte

nach Konstantinopel, verschwand dort aber während des Bilderstreits.
Für die Gottesmutterikonen gilt das angeblich von dem Evangelisten Lukas entworfene und später durch Wunderkräfte fertiggestellte Porträt Marias, die ihrem Maler Modell gesessen haben soll, als Urbild. Es stellt die Gottesmutter als Hodegitria (Abb. 56) dar. Die Kaiserin Eudokia hat es in der ersten Hälfte des 4. Jahrhunderts in Jerusalem erworben und mit nach Konstantinopel gebracht, wo es 1453 bei der Eroberung durch die Türken verlorenging.
Zu diesen ersten beiden Themen kamen bald weitere: verehrungswürdige Personen aus dem Umkreis von Jesus und Maria, Märtyrer und Propheten sowie szenische Darstellungen aus dem Leben Jesu und der Gottesmutter.
Das Wort Ikone geht auf das griechische Wort eikón zurück und bedeutet Bild, Abbild im umfassendsten Sinn. Auch Fresken und Mosaiken waren eikón. Heute wenden wir den Begriff Ikonen ausschließlich auf die religiösen Kultbilder der orthodoxen Kirche an. Ikonen sind nicht nur als ästhetische Kunstwerke zu verstehen, sondern sie bilden einen wesentlichen Bestandteil der Liturgie der Ostkirche, deren Höhepunkt das Küssen der Ikone ist. Gemeint ist dabei, wie auch bei der Anbetung, immer der Dargestellte, nie das Bild selbst, so wie auch für den Maler immer die Bildaussage wichtiger ist als das Gestalterische; doch wird er alle seine künstlerischen Fähigkeiten in den Dienst der Aussage stellen, damit der Betrachter angerührt und ergriffen wird.
Außer den Einzelikonen, die jeweils nur einer Person oder einem Geschehen gewidmet sind, gibt es die Festtagsikonen(Abb. 5, 6, 7, 8). In einem Zyklus von Bildern– bei der normalen Festtagsikone sind es zwölf, bei der erweiterten 16, 18, 24 oder mehr - werden die wichtigsten in der Bibel aufgezeichneten Geschehnisse dargestellt, derer man in der orthodoxen Kirche an den jeweiligen Festtagen gedenkt.
Auf der Monatsikone und der Jahresikone (Abb. 18, 19, 20, 21, 22) werden für jeden Tag des Monats bzw.Jahres die entsprechenden Heiligen dargestellt. Sie umrahmen in der Regel den Szenenzyklus der zwölf Hauptfesttage. Eine Ikonostasenikone gibt in verkleinertem Maßstab die Ikonostase, die Bilderwand in der russisch-orthodoxen Kirche, wieder.
Eine andere Ikonenart ist die Mosaikikone, eine Verbindung von Mosaikkunst und Ikonenmalerei; sie kam gegen Ende des 11. Jahrhunderts auf. Die Themen sind dieselben wie auf den gemalten Ikonen, und von den eigentlichen Mosaiken unterscheidet sie sich nur dadurch, daß sie transportabel und im allgemeinen wesentlich kleiner ist (nur ausnahmsweise erreichte sie 1,50 Meter und mehr in der Höhe) und daß die Glas- und Metallstifte winzig sind, so daß sie bereits aus kurzer Entfernung betrachtet wie eine gemalte Ikone wirkt, die sie jedoch an Intensität der Leuchtkraft um ein Vielfaches übertrifft. Diese äußerst kostbaren Ikonen befinden sich heute fast ausschließlich in Museen, in Paris (Louvre), Palermo (Sizilianische Nationalgalerie), Florenz (Nationalmuseum) und Berlin (Staatliche Museen); über eine besonders umfangreiche Sammlung verfügen die Athosklöster.
Bronzeikonen kamen schon in frühbyzantinischer Zeit auf. Sie sind kleinformatig und haben oft die Form eines Kreuzes. Die Dar-

stellungen sind Reliefs, die Vertiefungen häufig mit Emaille ausgegossen. Da sie gegen Abnutzung relativ unempfindlich sind, führte man sie in Prozessionen mit oder nahm sie mit auf Reisen. Viele dieser sogenannten Reise-ikonen sind zwei- (Diptychon), drei- (Triptychon) oder vierflügelig (Tetraptychon).

Das Kreuz mit Christus hat in der russischen Kirche drei Querbalken, von denen der untere schräg gestellt ist. Die gängigste Begründung für diese Besonderheit lautet, daß das hochgestellte Ende des Querbalkens auf den guten Schächer hinweisen soll und das niedrige Ende auf den bösen Schächer: gut = oben, böse = unten. Den Gekreuzigten umgeben häufig szenische Darstellungen und symbolhafte Motive, über seinem Kopf findet sich meistens das Mandylion, das nicht von Menschenhand geschaffene Antlitz Christi, oder Gottvater auf der Wolkenbank.

Eine Staurothek-Ikone (Abb. 89, 90) ist die in Rußland aufgekommene Abwandlung der griechischen Reliquien-Ikone (das griechische Wort Staurothek heißt Kreuzpartikelbehälter); statt einer Reliquie ist jedoch im bemalten Bildfeld eine Bronzeikone eingesetzt.

In der russischen Kirche nimmt die Ikonostase, die große Bilderwand zwischen Altarraum und Kirchenschiff, den Blick des Eintretenden gefangen. Ikonostase, ein griechisches Wort, heißt wörtlich: Gestell zum Anbringen einiger Ikonen. Sie entwickelte sich aus dem griechischen bildergeschmückten Templon, das die einfache oder nur mit einigen Bildern geschmückte Altarschranke ersetzte. Der Aufbau einer Ikonostase, deren Gerüst aus Holz geschnitzt oder eine gemauerte Wand sein kann, unterliegt bestimmten Regeln. Die Hauptbildzone, die Bilderreihe über den Türen, ist meist von der Deesisreihe (griechisch Deesis: Bitte, Gebet, Fürbitte) besetzt: in der Mitte die Gruppe thronender Christus Pantokrator, Gottesmutter und Johannes der Vorläufer, wie im orthodoxen Bereich der Täufer genannt wird, flankiert von Engeln, Aposteln und den heiligen Kirchenvätern. Ikonostasen-Ikonen geben in verkleinerter Form die kirchliche Bilderwand wieder.

Im Mittelalter kamen Metallabdeckungen für Ikonen auf, sie konnten aus vergoldetem Silber, Silber oder nichtedlen Metallen und mit Edelsteinen und Perlen besetzt sein und waren in dekorativen Reliefs gearbeitet. Sie dienten als Schutz der Malerei und waren häufig Stiftungen von Gläubigen. Man sagte dann dem Ikonenmaler bzw. Mönch sinngemäß: „Diese Ikone hat mir in meinem Anliegen geholfen, sie hat mich beschützt; sorge bitte dafür, daß diese Ikone einen Schutz, gleichzeitig als Auszeichnung erhält." Deckt der Überfang nur den Bildrand ab, spricht man von einer Basma. Eine Riza (Risa) deckt sowohl den Rand als auch einen Teil des Bildes ab, jedoch nicht die Figuren. Ein Oklad ist eine nahezu vollständige Verkleidung, bei der nur Gesicht und Hände der Figur freibleiben, das sogenannte Inkarnat. Bedeutung von Riza und Basma werden auch ausgetauscht verwendet.

Anfänge und erste Blütezeit der Ikonenmalerei

Für die Entwicklung der Ikonenmalerei – ihren Themenkanon und die im Lauf von Jahrhunderten nur wenig veränderten Gestaltungsweisen – gibt es historische, stilgeschichtliche und religionsgeschichtliche Gründe. Sie aufzuzeigen bedeutet, zu Wesen und Sinn der Ikonen und zum Verständnis der Ikonenkunst hinzuführen.

Die ersten Anfänge der Ikonenmalerei liegen im dunkeln. Wir können mit Recht vermuten, daß sie sich im 4. Jahrhundert in Konstantinopel formte. Doch sie hat Vorläufer, und es stellt sich die Frage nach dem Entstehen der christlichen Bildkunst überhaupt. Bis heute ist nicht geklärt, ob nicht eher Rom oder Alexandria als die eigentliche ursprüngliche Wirkungsstätte anzusehen ist. In Rom hatten sich unter der Einwirkung der Apostel Petrus und Paulus christliche Gemeinden gebildet, die bis ins 4. Jahrhundert hinein heftigen Verfolgungen ausgesetzt waren. Sie suchten Zuflucht in den Katakomben, die ihnen auch als Versammlungsstätten (und als Grab) dienten. Den Malereien, mit denen sie ihre Wände schmückten, haftet etwas Provisorisches an, künstlerischer Gestaltungswille ist hier noch nicht zu spüren. Es entwickelte sich jedoch eine Art Themenkatalog – die Darstellung der Heils- und Erlösungslehre -, aus dem sich später die Ikonographie christlicher Bilder ableitete.

Nach dem Toleranzedikt von Mailand 313, der Gründung von Konstantinopel 324 als der zweiten Metropole des römischen Reiches und der Einführung des Christentums als Staatsreligion 330 blühte das christliche Kunstschaffen im byzantinischen Raum stark auf. Hier hatten die Apostel die Lehre Jesu verkündet, die man nun auch optisch – im Bild – fassen wollte. Die Einflüsse, aus denen sich an dieser Nahtstelle zwischen Orient und Okzident der Ikonenstil formte, sind mannigfaltig.

Da uns fast keine Ikonen aus dieser Zeit geblieben sind, müssen wir einen Blick auf das übrige Kunstschaffen der Zeit, auf Fresken und Mosaike werfen, denn die meisten ihrer Züge finden wir auf den Ikonen der späteren Zeit wieder. Zweifellos hat auch die klassische Gestaltungskunst Griechenlands mit ihrer Neigung zu Harmonie, Schönheit und Idealität ihre Spuren bei der Gestaltung der Ikonen hinterlassen. Gleichzeitig aber mußte sich das junge Christentum von dem heidnischen Götterkult der Griechen abheben, die ihren Göttern volle plastische menschliche Gestalt gaben.

Im 6. Jahrhundert, unter dem oströmischen Kaiser Justinian, bildete sich der byzantinische Stil heraus, dessen Kennzeichen feierliche Würde, Unnahbarkeit der Gestalten bis zur Entrückung aus dem diesseitigen Leben, Entkörperlichung und starre Erhabenheit sind (vgl. dazu u. a. die Mosaiken von San Vitale in Ravenna und in der Hagia Sophia von Konstantinopel). Die Gesichter erhalten jene überirdische suggestive Wirkkraft, die auch auf den Ikonen jahrhundertelang zu finden ist. Dieses Gestaltungsmerkmal geht zurück auf die ägyptischen Mumienporträts (ein Zentrum dieser Malart war vom 1.–4. Jahrhundert El Fayum nahe Kairo), die der spätrömischen Kunst zuzuordnen und Ausdruck einer Welt sind, die wir als die hellenistische bezeichnen, die also auch orientalische Einflüsse mit einschließt. An den Mumienporträts – es sind Porträts Verstorbener, die man in Kopf-, Hals- oder Brusthöhe zwischen die Mumienbinden einband – fallen die lebensnahen Gesichtszüge mit den weitaufgerissenen Augen auf. Für die Lebenden waren diese Porträts ein Kommunikationsmittel, um mit den Verstorbenen in eine Art metaphysischen Kontakt zu treten. Wie die frühen Ikonen waren sie mit heißen Wachsfarben (Enkaustik-Technik) auf Holztafeln gemalt. Im Museum in Kairo findet man über hundert dieser etwa 25 bis 30 cm hohen Holztafeln, welche in frontaler Darstellung der Gesichter der Verstorbenen dieselbe, suggestive, oft hypnothische Ausdruckskraft auf weisen, wie die späteren Ikonen. Auch im Kestner-Museum Hannover, im Pälizeusmuseum Hildesheim und vielen anderen findet man ähnliche Mumienportraits, die schon zu Lebzeiten geschaffen wurden.

In Ägypten, speziell in Alexandria, bildete sich bereits sehr früh eine christliche Gemeinde, und die Kopten, wie die ägyptischen Christen genannt werden, haben in ihrem Bildschaffen Züge der Porträtmalerei für ihren Zweck, nämlich Mittler zu sein zwischen der göttlichen Welt und den Menschen, als richtig erkannt und übernommen. Von diesen frühen Ikonen haben nur ganz wenige die Zeiten überdauert; sie befinden sich im Katharinenkloster auf dem Sinai und stammen aus dem 5.—6. Jahrhundert n. Chr., wobei die älteste Ikone mit dem alten Abraham heute im Bodemuseum in Ostberlin anzutreffen ist.

Bilderstreit

Der Bilderstreit unterbrach die frühe Blütezeit der Ikonenmalerei. Die Frage, ob man das Göttliche darstellen solle oder überhaupt dürfe, wurde bereits seit dem 4. Jahrhundert diskutiert. Bedeutende Kirchenlehrer wie der heilige Augustinus, Basilios der Große, Gregor von Nazianz und Gregor von Nyssa nahmen dazu Stellung. Sie bejahten die bildliche Darstellung heiliger Personen in angemessener, d.h. auch künstlerischer Form um des Glaubens willen, der optisch verdeutlicht so viel eindringlicher den Menschen vermittelt werden konnte. Andererseits heißt es im Alten Testament: „Du sollst dir kein Bild von Gott anfertigen . . ." Das Judentum hielt sich streng an dieses Gebot. Die Konzile von Nicäa 325 und Konstantinopel 381 hatten die Wesensgleichheit von Gott und Christus verkündet (nicht die Gottähnlichkeit, wie sie der Kirchenlehrer Arius in Alexandria durchzusetzen versuchte).

Als der byzantinische Kaiser Leo III., zweifellos auch beeinflußt vom erstarkenden Islam, der die Darstellung Gottes und seines Propheten nur als abstraktes Ornament zuließ, 730 ein Bilderverbot erließ und nur noch die unfigürliche, rein dekorative Malerei erlaubte, brach der offene Kampf aus zwischen den Ikonodulen, den Bilderverehrern, und den Ikonoklasten, den Gegnern der Bilderver-

ehrung. Es war ein Kampf der Mönche gegen die kaiserlichen Soldaten, die in Kirchen und Wohnungen eindrangen und die meisten Bilder zerstörten – die noch übriggebliebenen Ikonen gingen 1453 im Türkensturm unter. Viele Mönche wanderten aus nach Unteritalien, Kreta und der Krim und schufen dort neue Zentren der Ikonenmalerei. Dennoch sind uns einige Ikonen aus der justinianischen Zeit (6.–7. Jahrhundert) erhalten geblieben. In dem von Kaiser Justinian 527 erbauten Kloster zu Ehren der hl. Katharina am Fuße des Berges Dschebel Musa auf der Halbinsel Sinai hatten sich im Laufe der Zeit bedeutende Kulturschätze, darunter biblische Handschriften und Ikonen, angesammelt, die bis ins 4. Jahrhundert zurückreichen (1978 entdeckte der Athener Professor Agourides dort weitere 47 Kisten mit wertvollem Material). Auf geschickte Weise war es früheren Mönchen immer wieder gelungen, das Kloster vor dem Zugriff der islamischen Soldaten zu bewahren (heute leben dort griechisch-orthodoxe Mönche; das Kloster kann jetzt wieder besichtigt werden).
Der Bilderstreit wurde zunächst 787 auf dem 7. ökumenischen Konzil von Nicäa beendet, das Kaiserin Eirene, die für ihren unmündigen Sohn Konstantin VI. die Regentschaft führte, zusammen mit dem Patriarchen von Konstantinopel einberufen hatte. 815 wurden die Beschlüsse widerrufen, und erst am 19. Februar 843 kehrte nach den Beschlüssen der Synode von Konstantinopel endgültig Friede in dieser Frage ein, nachdem der über 100 Jahre dauernde Bilderstreit fast alle Ikonen vernichtet hat, die in den erreichbaren Klöstern geschaffen waren. Nur wenige Stätten, wie das Katharinenkloster auf der Südspitze der Halbinsel Sinai blieben von den Bilderstürmern verschont. Erst in jüngster Zeit hat man dort bei Umbauarbeitenen einen Raum entdeckt, in dem man frühe Ikonen und andere Gegenstände eingemauert hatte, um sie vor den Ikonodulen zu schützen, darunter auch einige Seiten des Codex Synaiticus, der heute in London aufbewahrt wird und wo diese Seiten fehlten, wie man mit Verwunderung feststellen mußte.
Der 19. Februar wurde später in der griechischen und russischen Kirche zum „Festtag der Orthodoxie" erklärt.
Nun wurde Konstantinopel wiederum zum Zentrum der Ikonenmalerei, bis 1204 die Kreuzfahrer zum Sturm auf die Bilder ansetzten. Dann, unter der Herrschaft der Paläologe-Dynastie (1261–1453), erreichte sie einen neuen Höhepunkt. Es machte sich eine feinsinnige stilistische Ausarbeitung, eine gewisse Plastizität und das Streben nach der Darstellung von Empfindungen sowie eine starke Monumentalität bemerkbar. 1453 fielen in das immer kleiner gewordene byzantinische Reich die dem Islam anhängenden Türken ein.

Ikonenmalerei und Malschulen in Rußland

Als sich im byzantinischen Reich die Türkenherrschaft auszubreiten begann, hatten sich in Rußland längst neue wichtige Zentren der Ikonenmalerei gebildet. Das erste war Kiew, die Hauptstadt des Großfürstentums, in dem von 985 bis 1015 Großfürst Wladimir herrschte. Er führte das Christentum byzantinischer Prägung ein (daher erhielt er den Beinamen „der Heilige") und heiratete – allerdings nach einer kriegerischen Auseinandersetzung – Anna, die Schwester des byzantinischen Kaisers Basileios II. Die Ikonenmalerei in Kiew folgte ganz der byzantinischen Tradition und wurde entweder von griechischen Meistern, die von Byzanz herüberkamen, ausgeführt, oder russische Maler kopierten byzantinische Ikonen. Als Kaiser Alexios I. Komnenos der russischen Gemeinde die beiden Athosklöster Pantheleimon und Xilurgia schenkte, verdichteten sich die künstlerischen Erfahrungen russischer Malermönche, und mit zunehmender Sicherheit begannen sie um 1070 mit der Ausprägung russischer Stilelemente. Ein russischer Maler aus dieser Zeit ist uns bekannt: der Mönch Alimpij. Er ging bei griechischen Mönchen in die Lehre und zog sich später in das Kiewer Höhlenkloster zurück, um zu malen. Um sein Leben ranken sich viele Legenden, die von Wundern erzählen. Alimpij starb 1114 und wurde heiliggesprochen.

Das zweite große Kulturzentrum in Rußland war das von Nowgorod. Es hatte länger Bestand als das in Kiew, das bereits 1240, als die Tataren dort einfielen, im Niedergehen war. Die Nowgoroder Schule, die im 12. und 14. Jahrhundert ihre Blütezeit erlebte, war in ihrer Kreativität und ihren feinsinnigen Gestaltungsweisen, die manche stilistische Wandlung erfuhren, prägend für den gesamten russischen Raum. Kennzeichnend sind volle leuchtende Farbtöne, besonders ein kräftiges Rot, und mannigfaltige Farbschattierungen. Anfangs folgte die Schule byzantinischer Tradition, die Figuren sind holzschnittartig gezeichnet mit festen Konturen. Nach 1300 setzte sich eine lockere, bewegte Linienführung durch, und die Ikonen wurden malerischer. Im 14. Jahrhundert übernahm sie in großen Zügen den byzantinischen Ideal- und Monumentalstil der Paläologenzeit. Einer der berühmtesten Maler dieser Zeit war Theophanes der Grieche, der wahrscheinlich aus Kreta stammte. Mitte des 16. Jahrhunderts wurde die Malschule in Nowgorod aufgelöst. Die Künstler wurden nach Moskau geholt, um der neuen Hauptstadt Glanz zu verleihen.

Im Schatten Nowgorods bildeten sich viele Malschulen, einige von ihnen haben künstlerisches Eigenleben entwickelt, so die Schule von Pskov (Pleskau) bis 1510 –, für die dunkelgrüne Farbe und die mit weißen Perlenschnüren geschmückten Gewänder charakteristisch sind, die Schule von Jaroslaw, deren vielfigurige Ikonen fein ausgearbeiteten persischen Miniaturen gleichen, und die Schule von Wladimir-Susdal, wo die Wladimirskaja, eine byzantinische Ikone des Eleousa-Typs, die von Kiew nach Wladimir kam, zum Urbild unzähliger Ikonen wurde, darunter künstlerische Meisterwerke wie auch volkstümliche Darstellungen. Für die Mariä-Himmelfahrts-Kathedrale in Wladimir schuf der berühmte Mönch Andrej Rubljew gemeinsam mit anderen Malern die Ikonostase.

Die Moskauer Malschule bildete sich wahrscheinlich schon im 13. Jahrhundert, doch erst gegen Ende des 14. Jahrhunderts begann unter dem Einfluß Nowgorods und zahlreicher griechischer und byzantinischer Maler der Aufschwung der Ikonenmalerei. Vielleicht waren Theophanes der Grieche, der 1395 nach Moskau ging, und sein Schüler, der bedeutende Andrej Rubljew, diejenigen, die als erste die provinzielle Enge der Moskauer Schule überwanden. Gemeinsam schmückten sie die Verkündigungskathedrale aus. Kennzeichnend für Rubljews Stil sind die langen schlanken Gestalten, die körperlos im Raum zu schweben scheinen, behutsame Modellierung der Gesichter, fein schattierte, wie durch einen Dunstschleier gemalte Farbtöne und extrem gebogte Linien, z.B. bei der Neigung des Kopfes. Eine seiner berühmtesten Ikonen ist die Heilige Dreifaltigkeit, die er für die Verkündigungskathedrale malte. Rubljew starb 1430. Seine Malweise beeinflußte auch den Stil des Meisters Dionisij (1440–1505), ausnahmsweise kein Mönch. Er gestaltete in mehreren Kirchen um Moskau und anderswo den bildlichen Schmuck. Beide Maler galten als Vorbild und fanden viele Nachahmer.

Im 16. Jahrhundert – es ist die Zeit der Zarenschule – öffnete sich die Ikonenmalerei zunehmend westlichen Einflüssen, so daß 1551 die Regeln für das Ikonenmalen neu festgelegt werden mußten.

Zu dieser Zeit bestellten adlige Familien in den Werkstätten Ikonen nach eigenem ästhetischem Geschmack. Mehrere Adlige malten auch selbst, wie z. B. die Stroganows. Sie richteten in Solvyčegodsk, ihrem Wohnsitz, Malerateliers ein.

Doch an mehreren anderen Orten malte man im Stil der Stroganow-Schule (ca. 1550-1680). Merkmale sind das zumeist relativ kleine Format, feiner grafischer Pinselstrich, liebevoll, beinahe kalligrafisch ausgearbeitete Details (z. B. bei Pflanzen, Landschaften und der Architektur, die reich verziert ist), überlange, zerbrechlich wirkende Figuren mit prachtvollen Gewändern, realistisch gemalte Pferde, deren voluminöser Körper jedoch von sehr dünnen Beinen getragen wird. Die Farben sind hell, leuchtend, differenziert abschattiert; neben vielem Gold helles Rot, dunkles und helles Grün, Weiß und Gelb sowie Mischfarben wie Violett und Rosa. Mehrere Maler sind uns namentlich bekannt, darunter Nikifor Savin, Simon Ušakow (1626–1686), Prokopoij Čirin (*1625), Vasilij Čirin, Maxim und Nikita Stroganow. Ikonen der Stroganow-Schule gibt es auch in westlichen Sammlungen.

Als westliche Einflüsse die Substanz der traditionellen Ikonenmalerei zu zerstören drohten und sich der Patriarch Nikon 1654 durch Reformen um die Reinerhaltung der Lehre bemühte, spalteten sich die Altgläubigen (Raskolniki) von den Rechtgläubigen der Staatskirche ab. Zar Peter I. bestimmte 1707, daß zu unterscheiden sei zwischen westlich betonter Malerei und Ikonenmalerei, die den Traditionen folgen und den Klosterwerkstätten vorbehalten bleiben solle. In verschiedenen Dörfern, so in Mstera, Cholnj und Palech, aber auch in Moskau und anderen Städten des Nordens, bildeten sich Zentren dieser sogenannten Altgläubigenmalerei, die man unter dem Sammelbegriff Schule von Palech zusammenfaßt. Ihre Maler halten auch die Ikonen der Stroganow-Schule für nachahmenswert, oft als Lupenarbeit Merkmale der Ikonen dieser Schule sind: Weniger Gold, dafür stärkere

Buntfarbigkeit, helle, leuchtende Farben in feinen Nuancen, die locker und luftig aufgetragen werden; weiche, runde Linienführung, deutliche Konturen; naturalistische Ansätze bei der Darstellung von Fauna und Flora; feine kunstvolle Ausarbeitung der Details, der Miniaturmalerei vergleichbar. Das Bemühen um den traditionellen Stil führte auch oft zum Kopieren berühmter Werke z. B. von Rubljew und aus Byzanz.
Auch noch im 19. Jahrhundert entstanden in vielen Malerwerkstätten hervorragende Werke traditioneller Ikonenmalerei, wenngleich die Neumoskauer Schule (1820–1917) sich bemühte, die alten Themen in einer am Barock orientierten Form zu präsentieren.

Ikonenmalerei auf dem Balkan, auf Kreta und in Italien

Zwischen 1400 und 1700 blühte auf Kreta die Ikonenmalerei, die zunächst byzantinischen Stilen folgte, sich aber bald von der leichten, bewegten, farbenfrohen italienischen Malerei durchdringen ließ. Man spricht vom kretischen Stil (der sich durch besondere Eleganz auszeichnet) und vom italo-byzantinischen Stil, zumal auch mehrere kretische Maler in Süditalien neue Zentren gründeten. Die kretischen Maler signierten ihre Bilder nach westlichem Muster; etwa hundert kennen wir mit Namen, darunter Domenikos Theotokopulos (genannt El Greco), Michael Damaskinos, Elias Moskos, Emanuel Tzane. Dem kretischen Stil folgt zum Teil auch die Ikonenmalerei in Mazedonien, auf den Ionischen Inseln, in Venedig, im Katharinenkloster auf dem Sinai, in den Athosklöstern und Meteoraklöstern in Griechenland.
Ob in den Athosklöstern je eine Malschule bestand in dem Sinne, daß hier ein neuer Stil oder eine ausgeprägte Stilvariante entwickelt wurde, ist strittig. Sie sind hervorragende Ausbildungsstätten für Maler. Im übrigen begnügte man sich wohl mit dem Kopieren vor allem des byzantinischen und des kretischen Stils.
In vielen kleineren Zentren Griechenlands herrscht die Ikonenmalerei im sogenannten Volksstil vor. Kräftige, wenig differenzierte Farbigkeit, grobe, wenngleich ausdrucksstarke Figurenzeichnung sind die Hauptmerkmale. Daneben aber treten immer wieder Maler auf, die wirkliche Kunstwerke hervorbringen. Ähnliches läßt sich von der Ikonenmalerei in Serbien, Mazedonien, Bulgarien und Rumänien sagen.

Ikonen des 20. Jahrhunderts

Auch in unserer Zeit werden noch Ikonen gemalt, bei denen die traditionellen Themen in der komplizierten, von den Mönchen festgelegten Technik dargestellt sind. Man erkennt sie an der frischeren, moderneren Farbgebung und dem ebenfalls modernen Formgefühl. Auch diese Ikonen haben ihren Wert - und ihren Preis. Man spricht in diesem Fall nur dann von Ikonen, wenn man sich getreu an die alten Motive mit ihren Sym-

bolfarben hält und keine eigene Phantasie einfließen läßt, wie es leider bisweilen geschieht.
Für diese Ikonen des 20. Jahrhunderts wurden in den letzten Jahren auch spezielle Malkurse angeboten, so z.b. von der „Gemeinschaft der Ikonenfreunde Hannover, Machandelweg 11" zum vierten Mal in der Schweiz. Dort ist auch ein neues Buch „Ikonen selber malen" herausgegeben (siehe Seite 184).

Thematik der Ikonen

Die Thematik und Art der Ikonen läßt sich in acht Hauptgruppen unterteilen:

I. **Orthodoxe Festtage und Wiedergabe biblischer Geschehnisse**.
Man kennt die Reihe von 12, 16 und 24 Festtagen.

II. **Monats- und Jahresikonen:**
Wie in der katholischen Kirche hat in der Ostkirche jeder Tag einen oder mehrere Narnensheilige. Hierzu gibt es sogenannte Monatsikonen, welche jeweils in dem betreffenden Monat in der Kirche ausgelegt werden. Bekannt ist das Malerhandbuch der Stroganow-Schule sowie das Malerhandbuch vom Berge Athos, die über die Namensheiligen Aufschluß geben.

III. **Heiligendarstellungen:**
Die Ostkirche kennt einige Tausend Heilige. Manche sprechen sogar von 8–12000 verschiedenen Heiligen, wenn man die örtlichen mitzählt.

IV. **Gottesmutter-und-Kind-Darstellungen:**
Hier unterscheidet die Ostkirche etwa 400 Motive, die Varianten eingerechnet.

V. **Christusdarstellungen:**
Hier ist das Hauptthema Christus Pantokrator, Weltenherrscher, welches in der Deesis durch die Gottesmutter und Johannes den Vorläufer ergänzt wird, außerdem das Mandylion, das sogenannte „nicht von Menschenhand geschaffene Antlitz Christi".

VI. **Mehrteilige Ikonen:**
Hierunter versteht man Diptychon: zweiteilige Ikone, Triptychon: dreiteilige Ikone, Tetraptychon: vierteilige Ikone. Außerdem sind Ikonenthemen oft unterteilt: zweigeteilt, dreigeteilt, viergeteilt usw.

VII. **Staurothek- und Bronze-Ikonen:**
Während ursprünglich Bronzeteile in Holzikonen eingefügt wurden, hat man insbesondere seit dem 17. Jahrhundert auch Bronze-Ikonen allein hergestellt und verehrt.

VIII. **Oklad-, Riza- und Basma-Ikonen:**
Auch hier sind im Abbildungsteil einige Beispiele wiedergegeben und beschrieben.

Beschreibung der abgebildeten Ikonen

(nach Themen geordnet)

Anhand der folgenden Beispiele wird das Thema der Apothekenheiligen Cosmas und Damian in vier verschiedenen Jahrhunderten (16., 17., 18. und 19.) dargestellt, um die unterschiedlichen, relativ kleinen Divergenzen in dieser Zeit deutlich zu machen.

1 Arzt- und Apothekenheilige Cosmas und Damian
H. 29,2 cm / B. 23,2 cm

Rußland, Moskauer Schule, **16. Jh.**
Die zarte farbige Malweise verweist diese Ikone in das 16.Jh. Der Kreidegrund wurde später freigelegt, wie das häufig bei den alten Ikonen anzutreffen ist, um die Hauptdarstellungen besser vom Untergrund abzuheben. Vertieftes Mittelfeld.
Preisklasse DM 50000,— bis DM 70000,—

2 Arzt- und Apothekenheilige Cosmas und Damian

H. 32 cm / B. 26,5 cm

Oben im Medaillon Neutestamentliche Trinität (Dreifaltigkeit).
Rußland, **17. Jh.**
Die doppelte Vertiefung in Verbindung mit den Originalkrakelüren und der subtilen Malqualität beweisen eine Entstehung in der zweiten Hälfte des 17. Jhs. mit späteren Retuschen am Rand.
Am unteren Teil der Ikone ist ablesbar, daß diese auf Leinwand gemalt wurde, ein weiterer Qualitätsvorteil, der oft auch auf das Alter hinweist, da die jüngsten Ikonen des 19. und 20. Jhs. - schon aus zeitlichen Gründen - meist nicht mehr auf Leinwand gemalt sind.
Die Nagelspuren am Rand und im Mittelteil beweisen, daß diese Ikone früher durch eine Riza geschützt und ausgezeichnet wurde.

Preisklasse DM 25000,– bis DM 30000,–

Lebensbeschreibung der Ärzte- und Apothekenheiligen Cosmas und Damian unter Nr. 49, Seite 87.

3 Arzt- und Apothekenheilige Cosmas und Damian

H. 31,9 cm / B. 26,4 cm

Oben Mitte Mandylion.
Rußland, **18. Jh.**
An der doppelten Vertiefung und an der Malweise ist das Alter deutlich ablesbar. Der Goldgrund wurde später erneuert.

Preisklasse DM 15000,– bis DM 20000,–

4 Arzt- und Apothekenheilige Cosmas und Damian

H. 31 cm / B. 26,6 cm

Den oberen Abschluß bildet Christus auf der Wolkenbank, mit beiden Händen den Segen spendend. Auf dem Rand links eine orthodoxe Heilige, deren Name nicht genau lesbar ist, auf dem Rand rechts die hl. Paraskeva.
Vertieftes Mittelfeld mit Gold/Silbergrund.
Rußland, 1. Hälfte 19. Jh.
Die feine Malweise ist besonders an den Gesichtern und Händen ablesbar und verweist diese Ikone in das **19. Jh.**

Preisklasse 10000,– bis DM 12000,–

FESTTAGSIKONEN

Bei den Festtagsikonen handelt es sich – banal ausgedrückt – um die Illustrierung der Bibeltexte, die auf diese Weise dem orthodoxen Gläubigen vor Augen geführt wurden. Da man in den früheren Zeiten meist davon ausgehen mußte, daß der Gläubige seine Bibel kannte, aber nicht lesen konnte, war auf Ikonen die Möglichkeit gegeben, das Bibelgeschehen bildlich darzustellen.
Einen breiten Raum nahmen die Festtagsikonen ein. Die Ostkirche kennt 12 Hauptfesttage, daneben eine erweiterte Reihe mit 16 und 24 Festtagen, manchmal auch im inneren Kreis durch die Passionsdarstellungen ergänzt.

5 Große Festtagsikone

H. 62,2 cm / B. 52,2 cm

Auf dieser Ikone werden 16 Hauptfesttage dargestellt, und zwar von links:

1. Reihe:
Mariä Geburt, mit den Eltern Anna und Joachim, der Übergabe der Geschenke und der Waschung des Kindes; Einführung Mariä in den Tempel;
Neutestamentliche Trinität (Dreifaltigkeit) mit Gottvater, Sohn und Heiligem Geist und drei Cherubinen;
Verkündigung an Maria mit zweitem Engel;
Christi Geburt mit Maria und Josef und den drei Magiern.

2. Reihe:
Darstellung Christi im Tempel;
Taufe im Jordan durch Johannes den Vorläufer.

3. Reihe:
Einzug in Jerusalem;
Verklärung auf dem Berge Tabor mit Petrus, Jakobus und Johannes, oben Prophet (links) Elias und Moses (rechts).

4. Reihe:
Himmelfahrt Christi; Grablegung der Gottesmutter (Koimesis).

5. Reihe:
Erweckung des Lazarus;
Enthauptung des Johannes und Übergabe des Hauptes an Salome;
Alttestamentliche Trinität: Die drei Engel zu Gast bei Abraham und Sarah;
Pfingstwunder; Kreuzerhöhung.

Im Mittelteil wird ausführlich das Ostergeschehen wiedergegeben. Hierbei ist unten die Höllenfahrt dargestellt mit dem Zug der Gerechten, an der Spitze der gute Schächer, der oben von Enoch empfangen wird.
Im oberen Teil Christi Auferstehung (Anastasis).
Oben links die Kreuzigung mit dem leeren Grab, unten rechts Errettung des Petrus aus dem See Genezareth.
In den Ecken die vier Evangelisten Matthäus, Markus, Lukas und Johannes.
Vertieftes Mittelfeld auf Goldgrund, außergewöhnliche Sammlerqualität.

Rußland, 18. Jh.

Preisklasse DM 15000,– bis DM 18000,–

6 Festtagsikone

H. 35,5 cm / B. 31 cm

Mit 12 Hauptfesttagen der orthodoxen Kirche;
in den Ecken die vier Evangelisten Matthäus, Markus, Lukas und Johannes.
Es handelt sich um die klassische Festtagsikone in guter Malweise mit Goldgrund. Auf der vorliegenden Ikone sind die Hauptfesttage der orthodoxen Kirche in bräunlicher Malweise wie folgt wiedergegeben (das Datum der Festtage ist jeweils in Klammern gesetzt. Die Reihenfolge ist in der 1., 2., 3. und 4. Reihe von links nach rechts ablesbar):

1	**2**	**3**	**4**
5			**6**
7			**8**
9	**10**	**11**	**12**

1. Reihe.

l) Mariä Geburt mit Waschung und Übergabe der Geschenke (8. September)
– Apokryphes Protoevangelium Jakobs und spätere Apokryphen –
2) Einführung Mariä in den Tempel (21. November, mit örtlichen Unterschieden)
– hauptsächlich liturgische Texte –
3) Verkündigung: Der Erzengel Gabriel bringt Maria die Botschaft von der Geburt Christi (25. März), oft ist auch ein 2. Engel im Hintergrund dargestellt.
– Lukas 1, 5-38, Apokryphe Jakobus, Kap. 11 –
4) Christi Geburt: Mit Übergabe der Geschenke durch die Heiligen Drei Könige (3 Magier) (25. Dezember)
– Matth. 2, 1-12 –

2. Reihe, links und rechts:

5) Christi Darstellung im Tempel, Beschneidung (2. Februar)
– Lukas 2, 21-33 –
6) Christi Taufe im Jordan: Johannes der Täufer tauft Christum durch Handauflegen, drei Engel stehen rechts auf dem Ufer (6. Januar)
– Matth. 3, 13-17, Markus 1, 9-11, Lukas 3, 21-2 –

3. Reihe, links und rechts:

7) Einzug in Jerusalem (Palmsonntag)
– Matth. 21, 1-11, Markus 11, 1-10, Lukas 19, 29-44, Joh. 12, 12-19 –
8) Verklärung: Christus erscheint auf dem Berge Tabor „im gleißenden Licht", wie es in der Bibel heißt, und die drei Apostel Petrus, Jakobus und Johannes „schauen wie verklärt" nach oben.
Links von Christus der Prophet Elias, rechts Moses (6. August)
– 1. Kön. 18, Matth. 17, 1-9, Markus 9, 1-8, Lukas 9, 28-36 –

4. Reihe:

9) Christi Himmelfahrt. Im unteren Teil Pfingstdarstellung
– Matth. 28,1-20, Apg. 1, 3-12, Markus 16,15-19, Lukas 24, 46-51 –
10) Alttestamentliche Dreifaltigkeit (Trinität).
Die drei Engel am Tische Abrahams und Sarahs (links)
– Moses 1, Buch 18, 1-16 –
11) Kreuzerhöhung (14. September)
(Aufrichtung des wahren Kreuzes)
12) Entschlafen der Gottesmutter [Koimesis] (15. August) Christus

steht mit *ihrer* Seele auf dem Arm hinter ihr. Vorn erkennt man den Hebräer Jechoniak, der versucht haben soll, die Bahre der Gottesmutter zu stürzen. Um diesen Frevel zu sühnen, holt Gabriel mit dem Schwert aus und schlägt ihm die Hand ab.

Im Mittelfeld
wird das Hauptfest der orthodoxen Kirche, das Osterfest, durch die Höllenfahrt und die Auferstehung symbolisiert. (Zugrunde liegt der Bericht des Apokryphen Nikodemus Evangeliums.)
Bei der Höllenfahrt im unteren Teil steht Christus und faßt Adam am Handgelenk, um ihn aus der Sünde in das Paradies zu führen.
Links in der Ecke dieser Szene wird ein Walfischmaul dargestellt, welches ebenfalls auf den Hades (Unterwelt) hinweist. In der Mitte dieser Osterszene wird der Aufmarsch an der Himmelspforte mit den biblischen Königen David und Salomon wiedergegeben.
Rechts oben erscheint der Gute Schacher, welcher als erster das Paradies betrat.
Unter dieser Szene erkennen wir Petrus im See Genezareth, der von Christus aus dem Wasser geholt wird, als er wieder an ihn glaubt.
Im oberen Teil des Mittelfeldes ist die Auferstehung (Anastasis) wiedergegeben. Auch im Westen heißt es bekanntlich im Glaubensbekenntnis nach dem alten Text: „... niedergefahren zur Hölle, am dritten Tage auferstanden von den Toten ....“

Rußland, 19. Jh.

Preisklasse DM 3500,– bis DM 5000,–

7 Festtagsikone

H. 86,3 cm / B. 24,5 cm

Mit 6 Hauptfesttagen der orthodoxen Kirche.
Neben den klassischen Festtagsikonen mit 12 Festtagen gibt es - seltener anzutreffen - auch jeweils zwei Ikonen mit je 6 Festtagen. Hier wird ein Beispiel präsentiert mit außergewöhnlicher Malqualität aus dem 18. Jh. in Zentralrußland. Die zweite zugehörige Tafel ist nicht mehr vorhanden.
Oben links: Höllenfahrt Christi,
oben rechts: Mariä Geburt,
Mitte links: Christi Geburt,
Mitte rechts: Darstellung Christi im Tempel (Beschneidung),
unten links: Einzug in Jerusalem,
unten rechts: Höllenfahrt Christi (Ostern).

Preisklasse DM 15000,–
bis DM 25000,–

8 Festtagsikone mit den zwölf Hauptfesttagen der orthodoxen Kirche

H. 32,9 cm / B. 27,8 cm

Doppelte Vertiefung, in der Mitte Ostergeschehen.

Thema:	Festtag:	Bibelstelle:
1. Reihe: (von links nach rechts)		
a) Mariä Geburt mit Waschung	8. September	Apokryphes Protoevangelium Jakobus u. spätere Apokryphen
b) Einführung Mariä in den Tempel	21. November mit örtl. Unterschieden	hauptsächlich liturgische Texte
c) Verkündigung: Der Erzengel Gabriel bringt Maria die Botschaft von der Geburt Christi	25. März	Lukas 1, 5–38 Apokr. Jakobus, Kap. 11

Thema:	Festtag:	Bibelstelle:
d) Christi Geburt mit Übergabe der Gaben durch die Heiligen Drei Könige und Waschung des Kindes	25. Dezember	Matth. 2,1–12
2. Reihe		
links		
Christi Darstellung im Tempel, Beschneidung	2. Februar	Lukas 2,21–33
rechts		
Christi Taufe im Jordan: Johannes der Täufer tauft Christum durch Handauflegen; drei Engel halten die Tücher	6. Januar	Matth. 3,13–17 Markus 1,9–11 Lukas 3,21–2
3. Reihe		
links		
Einzug in Jerusalem	Palmsonntag	Matth. 21, 1–11 Markus 11,1–10 Lukas 19,29–44 Joh. 12,12–19
rechts		
Verklärung: Christus erscheint auf dem Berge Tabor „im gleißenden Licht", wie es in der Bibel heißt, und die drei Apostel Petrus, Jakobus und Johannes „schauen wie verklärt" nach oben. Links von Christus der Prophet Elias, rechts Moses	6. August	1. Kön. 18 Matth. 17,1–9 Markus 9,1–8 Lukas 9,28–36
4. Reihe		
1) Christi Himmelfahrt im unteren Teil Pfingstdarstellung		Matth. 28,16–20, Apg. 1,3–12 Markus 16,15–19 Lukas 24,46–51

Thema:	Festtag:	Bibelstelle:
2) Alttestamentarische Dreifaltigkeit (Trinität) Die drei Engel am Tische Abrahams und Sarahs		Moses 1, Buch 18,1–16
3) Kreuzerhöhung (Aufrichtung des wahren Kreuzes)	14. September	
4) Entschlafen der Gottesmutter (Koimesis) Cchristus steht mit ihrer Seele auf dem Arm hinter ihr)	25. August	

Im Mittelfeld wird das Hauptfest der orthodoxen Kirche, das Osterfest durch Höllenfahrt und Auferstehung symbolisiert.
Bei der Höllenfahrt im unteren Teil steht Christus auf den gekreuzten Brettern des Hades und faßt Adam am Handgelenk, um ihn aus der Sünde in das Paradies zu führen. Eva kniet demütig mit verhüllten Händen darunter.
In der oberen Hälfte des Mittelteils wird die Anastasis wiedergegeben: Christi Auferstehung am dritten Tage nach der Höllenfahrt, wie es auch im Glaubensbekenntnis der Kirchen festgelegt ist.

Rußland, 17. Jh.

Preisklasse DM 9000,– bis DM 12000,–

9 Passion Christi

H. 54 cm / B. 44,8 cm

Vertieftes Mittelfeld.
Statt der Hauptfesttage sind bei dieser Ikone die Passionsdarstellungen wiedergegeben, beginnend oben links mit dem Abendmal, der Fußwaschung usw.
Im mittleren Teil wird wiederum das Ostergeschehen mit der Höllenfahrt und Anastasis in der traditionellen Form dargestellt.
Passionsdarstellungen sind seltener auf Ikonen anzutreffen als die orthodoxen Festtage.
Farbige Malweise auf Goldgrund.

Rußland, 1. Hälfte 19. Jh.

Preisklasse DM 15000,– bis DM 18000,–

10 Passion Christi

H. 53,4 cm / B. 44,4 cm

Vertieftes Mittelfeld mit Silbergrund.
In der Mitte die Kreuzigung auf Golgatha mit den drei Marien (links) und Johannes und dem Hauptmann Longinus (rechts vom Gekreuzigten). Zwei Engel mit verhüllten Händen und Sonne und Mond in den Ecken bilden den Abschluß. Unten der Kopf Adams in der traditionellen Darstellung in einer Höhle. Damit wird symbolisch daran erinnert, daß Adam zu Füßen Christi auf Golgatha bestattet und durch den Kreuzestod erlöst wurde.
In 18 Feldern wird auf dem Rand die Leidensgeschichte Christi wiedergegeben, beginnend oben links mit dem Abendmahl und endend unten rechts mit der Kreuztragung, Kreuzabnahme und Grablegung. Es handelt sich um ein äußerst seltenes Thema in feiner Malweise.

Rußland, 18. Jh.

Preisgruppe DM 15000,– bis DM 18000,–

11 Mariä Geburt

H. 34,8 cm / B. 31 cm

Mit Übergabe der Gaben und Waschung des Kindes. Auf dem Geburtslager die Mutter Anna,
rechts, erhöht sitzend, der Vater Joachim, oben, im Medaillon, die Neutestamentliche Trinität (Dreifaltigkeit mit Gottvater, Sohn und Heiligem Geist),
auf dem Rand links des vertieften Mittelfeldes Evangelist Johannes, auf dem Rand rechts orthodoxe Heilige.

Rußland, 2. Hälfte 18. Jh.

Preisklasse DM 8000,– bis DM 10000,–

12 Maria Verkündigung

H. 31 cm / B. 27,7 cm

Mit doppelter Vertiefung.
Oben Heiliger Geist. Während bei diesem Thema gewöhnlich die Gottesmutter in statischer Ruhe dargestellt wird und nur der Engel mit dem Redegestus in Bewegung wiedergegeben wird, ist bei dieser Ikone auch die Überraschung der Botschaft und die innere Bewegtheit der Gottesmutter ablesbar.

Rußland, 17. Jh.

Preisklasse DM 15000,– bis DM 25000,–

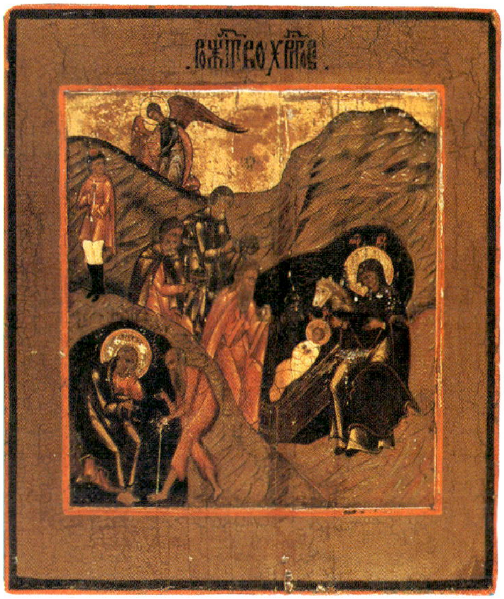

13 Christi Geburt

H. 34,6 cm / B. 30,3 cm

Vertieftes Mittelfeld auf Goldgrund.
Matth. 2, Vers 1-12; Galiläus 4, Vers 4-7; Lukas 2, Vers 4 ff. Die Gottesmutter sitzt in einer schwarzen Höhle als Symbol ihres Leibes und ihrer Jungfräulichkeit. Das Motiv wurde später – auch in der westlichen Kunst – durch die Darstellung des Stalles abgelöst. Ochs und Esel gelten als Anspielung auf Jes 1.3 „Der Ochse kennt den Besitzer und der Esel die Krippe seines Herrn".
Nach der apokryphen Quelle haben Engel und Tiere das neugeborene Kind als erste begrüßt. So ist es auch auf der Ikone dargestellt. Die drei Magier haben auf Geheiß des Herodes die Grotte gefunden, als ihnen ein Engel oben den Weg gewiesen hatte und nun den Hirten die frohe Botschaft verkündet. Sie überreichen links ihre Gaben: Gold, Weihrauch und Myrrhe. Im Westen werden sie die Heiligen Drei Könige genannt. Hierbei symbolisiert Caspar die braunhäutigen Asiaten, Melchior die weißen Europäer und Balthasar die schwarzhäutigen Afrikaner. Auch die drei Altersgruppen Jugend (bartlos), mittleres Alter (mit gestutztem Bart) und Greis (mit längerem Bart) wid gleichzeitig deutlich, welche ihre Referenz erwiesen haben.
Unten links die Szene, als der Satan in Gestalt eines Hirten in Josef Zweifel weckt an der göttlichen Empfängnis des Kindes. Andere sprechen vom Propheten Jesaia oder dem Hirten Thyrseus.

Rußland, 18. Jh.

Preisklasse DM 9000,– bis DM 12000,–

14 Christi Taufe im Jordan

H. 32,3 cm / B. 26,4 cm

Mit einigen späteren Retuschen und freigelegtem Kreidegrund, vertieftes Mittelfeld.
Den oberen Abschluß bildet Gottvater auf der Wolkenbank, der mit beiden Händen nach rechts dem Johannes die Segnung erteilt. Diese Szene ist selten anzutreffen.
Besonders ausdrucksvoll ist die Szene mit den drei Engeln, die sich demutsvoll verneigen. Der vordere hält seine Hand mit einem Tuch bedeckt, wie es alter byzantinischer Tradition entspricht. Auch am byzantinischen Hofe durfte sich der Rangniedere (in unserem Fall der vordere Engel) dem Ranghöheren gegenüber, also dem Kaiser (bei diesem Thema Christus) nur mit verhüllten Händen nähern. Die Breite des Jordanflußes, wo nach der Überlieferung die Taufe stattfand, entspricht in etwa der Darstellung auf unserer Ikone.

Rußland, 18. Jh.

Preisklasse DM 6500,– bis DM 8000,–

15 Verklärung auf dem Berge Tabor

H. 40,4 cm / B. 36 cm

Freigelegter Kreidegrund, außergewöhnlich seltene Sammlerikone auf Goldgrund, die aus einer Ikonenwand stammt, vertieftes Mittelfeld.
Auch dieses Thema lebt von der Spannung zwischen Ruhe und Bewegung: Die absolute Ruhe im oberen Teil, wo Christus im „gleißenden Licht" erscheint, zu seiner Seite der Prophet Elias, links, und Moses mit der Gesetzestafel, rechts, begleitet von zwei Engeln und zwei weiteren Heiligen.
Im unteren Teil sind Petrus, Johannes und Jakobus in der traditionellen Form wiedergegeben,wie sie, „geblendet von dem Licht", in den Staub gefallen sind und die Augen vor den Strahlen schützen.
Seit dem 6. Jahrhundert, als dies Thema im katharinenkloster des Sinai als Mosaik geschaffen wurde, ist es unverändert durch die Jahrhunderte übernommen worden, auch als Holzikone.

Zentralrußland, 17. Jh.

Preisklasse DM 15000,– bis DM 25000,–

16 Kreuzabnahme und Grablegung

H. 53,8 cm / B. 41,5 cm

Für dieses Geschehnis können folgende Bibelstellen herangezogen werden: Matth. 27, V. 57-61; Markus 15, V. 42-47; Lukas 23, V. 50-56.
Bei Joh. 19, V. 38-39 heißt es: „Als das geschehen war, bat Joseph von Arimathia Pilatus um die Erlaubnis, den Toten vom Kreuze abzunehmen. Joseph war ein Anhänger Jesu, aber nur heimlich, weil er vor den Juden Angst hatte. Pilatus überließ ihm den Leichnam, und Joseph ging und nahm ihn vom Kreuze ab.
Auch Nikodemus, der Jesus eines Nachts aufgesucht hatte, kam mit."
Das Thema entspricht der westlichen Pietà, es deutet symbolisch auf das überwundene Leiden.
Bewegung im oberen Teil und Ruhe im unteren Teil ergeben ein harmonisches Ganzes, wie wir es oft bei Ikonenthemen finden, z. B. bei der „Verklärung auf dem Berge Tabor„, wo die Ruhe oben auf dem Berge durch das Erscheinen Christi der Bewegung im unteren Teil, als die drei Jünger in den Staub fallen, gegenübersteht.
Christus sinkt in den Arm von Joseph und wird von der Gottesmutter empfangen. Nikodemus hält den Korpus noch mit dem Lendentuch fest, während der Lieblingsjünger Johannes die Füße mit dem Tuch umfängt.
Links erkennen wir Martha und die hl. Solomia.
Der Kopf Adams in einer Höhle weist in der traditionellen Form auf die Erlösung durch den Kreuzestod hin.
In den oberen Ecken sind Sonne und Mond auf der Wolkenbank wiedergegeben, die sich nach Darstellung in der Bibel bei der Kreuzigung verfinsterten. Den oberen Abschluß bildet Gottvater auf der Wolkenbank, mit der Rechten den Segen spendend. So wirken bei dieser Ikone die Farbigkeit und die Linienführung als vollendete Einheit und geben Zeugnis von dem biblischen Geschehen.

Rußland, 18. Jh.

Preisklasse DM 10000,– bis DM 15000,–

17 Die Frauen am leeren Grabe

H. 40,5 cm / B. 37,8 cm

Freigelegter Kreidegrund, als Motiv seltene Sammlerikone auf Goldgrund, die aus einer Ikonenwand stammt, vertieftes Mittelfeld.

Zentralrußland, 17. Jh.

Preisklasse DM 15000,– bis DM 25000,–

MONATSIKONEN

Monatsikonen sind dadurch besonders interessant, daß jeweils die Heiligen des Tages wiedergegeben sind, unterbrochen von ausführlichen Szenen der Kirchenfesttage. Die ältesten Monatsikonen aus dem 10. und 11. Jh. findet man im Katharinenkloster auf dem Berge Sinai. Die Tage sind jeweils durch Striche und Monatstage abgegrenzt.
Die Heiligen sind mit ihren Namen gekennzeichnet und individuell charakterisiert, so wie wir es auch in Malerhandbüchern aufgezeichnet finden. Das Malerhandbuch vom Berge Athos beschreibt z. B. die Gesichtszüge und die Gewänder der Heiligen. Außerdem kann bei der Identifizierung von Monatsikonen auch das Stroganow-Malerhandbuch mit verschiedenen Abweichungen und Ergänzungen bei russischen Ikonen herangezogen werden. Hierbei sind die Heiligen und Festtage in Umrißzeichnung wiedergegeben.

18 Monatsikone April

H. 44,3 cm / B. 37,8 cm

Vertieftes Mittelfeld auf Goldgrund.
Zur Identifizierung dieser Ikone kann das Stroganow-Malerhandbuch herangezogen werden:

1. Ehrw. Maria von Ägypten (Palästina, 6./7. Jh.)
   (Hl. Zosimos bekleidet Maria, hl. Zosimos reicht Maria die hl. Kommunion, hl. Zosimos und Maria in der Einöde)
2. Hl. Titos, Bekenner und Wundertäter (9. Jh.)
3. Ehrw. Nikita, Bekenner und Abt (Konstantinopel, 9. Jh.)
4. Ehrw. Josef, Bekenner und Hymnendichter (Konstantinopel, 9. Jh.)
   Hl. Georgios von Maleios

5. Hl. Theodor, Märtyrer (Thessaloniki, 4. Jh.)
   Hl. Agathopodos, Martyrer, Diakon (Thessaloniki, 4.Jh.)
6. Hl. Eutychios, Patriarch von Konstantinopel († 582)
7. Hl. Georgios, Bekenner, Bischof von Metilene (9. Jh.)
8. Hll. Irodionos, Apostel, Agabos, Apostel, Rufos, Apostel, Pflegan, Apostel, Hermas, Apostel, Asynkretos, Apostel (aus 70)
9. Hl. Eutychios, Märtyrer (Kleinasien, 4. Jh.)
10. Hl. Terentios, Märtyrer } (Afrika, 3. Jh.)
    Hl. Pompios, Märtyrer }
11. Hl. Antipas, Hieromärtyrer, Bischof von Pergamon (Kleinasien, 1. Jh.), Zeitgenosse des Apostels Johannes des Theologen
12. Hl. Basilios, Hieromärtyrer, Bischof von Parios (8. Jh.)
13. Hl. Artemonos, Hieromärtyrer und Priester von Laodiräa († 303)
14. Hl. Martinianos (Martin), Bekenner, Papst von Rom
    Hll. Antonios, Johannes, Eustathios, Martyrer
15. Hl. Aristarchos, Apostel,
    Hl. Poudos, Apostel,
    Hl. Trophimos, Apostel (aus 70)
    Hl. Leonidos
    Hl. Irene
16. Hl. Agape, Märtyrerin } (Thessaloniki, † 304)
    Hl. Chionia, Märtyrerin }
    Hl. Theodora, Bekennerin
    Ehrw. Akakios, Bekenner ,Bischof von Metilene(† um 433)
    Hl. Adrianos, Märtyrer
17. Ehrw. Simeon, Bischof von Seleukia in Persien († 344)
    Ehrw. Zosima, Wundertäter von Solowetzkij
18. Hl. Agathin, Bekenner
    Hl. Kosmas, Bekenner zu Chalkedon
    Ehrw. Johannes
19. Ehrw. Johannes, Eremit vom Alten Kloster (Palästina, 8. Jh.)
20. Hl. Theodor von Trichinos, Bekenner und Bußgewandeter (Syrien, 4./5. Jh.)
    Hl. Januarios, Bischof und Märtyrer

21. Hl. Theodor
    Hl. Chariton
    Hl. Pankratios, Märtyrer
22. Ehrw. Theodor von Syknon
23. Hl. Georgios, Großmärtyrer (Kampf des hl. Georg mit dem Drachen, mit Königstochter)
24. Hl. Sabbas, Martyrer, Stratilate
    Ehrw. Elisabeth, Wundertäterin
25. Hl. Markos, Apostel und Evangelist
    Hl. Basilios, Hieromärtyrer, Bischof von Amassia († um 322)
26. Hl. Stephanos, Bischof zu Perm (14. Jh.)
27. Hl. Simeon, Apostel (aus 70), 2. Bischof zu Jerusalem, Märtyrer († 107)
28. Hl. Jason, Apostel (70),
    Hl. Sosipater, Bekenner
    Hl. Dada, Märtyrerin
29. Hll. Märtyrer (neun) zu Kerkyra (Kyzikos) (3. Jh.)
    Ehrw. Memonos, Bekenner
30. Hl. Jakobus, Apostel, Sohn des Zebedäus und Bruder des hl. Apostels Johannes († 44)
    Hl. Nikita

Den oberen Abschluß bildet die Höllenfahrt Christi mit Adam und David links und der Gottesmutter und einem weiteren Heiligen rechts; in der linken unteren Ecke das Walfischmaul.
Es handelt sich um eine selten ausführlich durchgezeichnete Monatsikone, die von außergewöhnlicher Malqualität ist und als Sammlerstück eingestuft werden kann.

Rußland, 18. Jh.

Preisklasse DM 15000,– bis DM 20000,–

19 Monatsikone April

H. 35,6 cm/ B. 30,8 cm

Feine Malweise (Lupenarbeit) auf Goldgrund, vertieftes Mittelfeld. Die Unterteilung der 30 bzw. 31 Tage des Monats ist jeweils durch einen senkrechten Strich und durch die Bezifferung der Tage vorgenommen.
Die Hauptfesttage - in diesem Fall „Christi Taufe im Jordan" oben rechts - sind bildlich dargestellt.
Rußland, 18. Jh., spätere Retuschen.
Es ist überliefert, daß derartige Ikonen schon von den Mönchen laufend gereinigt und überholt wurden, wenn Beschädigungen vorhanden waren.

Preisklasse DM 12000,– bis DM 15000,–

20 Monatsikone Oktober

H. 35,6 cm / B. 30,6 cm

Farbige Malweise auf Goldgrund.
Auch für diese Ikone hat das Stroganow-Malerhandbuch allgemeine Gültigkeit:

Am1. Oktober feiert die orthodoxe Kirche das Fest der Gottesmutter Pokrov (Schleierwunder). Es wird in der traditionellen Form - zusammen mit dem Sänger Romanos, der vor Kaiser und Kaiserin vorsingt, sowie mit dem Narr Andreas und seinem Jünger Epiphanos im unteren Teil – wiedergegeben.

2. Hl. Kyprianos, Hieromärtyrer
   Hl. Justina
3. Hl. Dionysios, der Aeropagite, Hieromärtyrer
   Hl. Hierotheos, Hieromärtyrer, Bischof von Athen
5. Hl. Charitina, Märtyrerin
6. Hl. Thomas, Apostel
7. Hl. Sergios, Märtyrer Hl. Bacchos, Märtyrer
8. Ehrw. Pelagia
9. Hl. Jakobos, Apostel, Sohn des Alpäos
   Ehrw. Anronikos
10. Hl. Eulampios, Märtyrer
    Hl. Eulampia
11. Hl. Philippos, Apostel

Ehrw. Theophanos, Bekenner
Das ökumenische Konzil zu Nikaia (i. J. 787) mit 367 ehrwürdigenVätern gegen die Bilderstürmer

12. Hl. Probos, Märtyrer
Hl. Tarachos, Märtyrer
Hl. Anronikos, Märtyrer
13. Hl. Karpos, Hieromärtyrer
Hl. Papylos, Märtyrer
14. Hl. Nazarios, Märtyrer
Hl. Gerwasios, Märtyrer
Hl. Protasios, Märtyrer
Hl. Kelsios, Märtyrer
15. Hl. Lukoanos, Hieromärtyrer
Ehrw. Euthymios der Neue
Ehrw. Euthymios
16. Hl. Longinos, Märtyrer, Hauptmann
17. Hl. Hosias, Prophet
Ehrw. Andreas
18. Hl. Lukas, Apostel und Evangelist
19. Hl. Waros, Märtyrer
Hl. Joel, Prophet
Hl. Sadophos, Hieromärtyrer
20. Hl. Artemios, Märtyrer Hl. Kleopa
21. Ehrw. Hilarion der Große Hl. Hilarion, Bischof von Minsk
22. Hl. Awerkios, Bischof von Hierapolis
Ehrw. Johannes
Auffindung der sieben hl. Kinder zu Ephesos

23. Hl. Jakobos, Apostel, Gottesbruder
24. Hl. Aretas, Märtyrer
25. Hl. Markianos, Märtyrer
    Hl. Martyrios, Märtyrer
    Ehrw. Awram
26. Hl. Dimitrios, Großmärtyrer
27. Hl. Nestor, Großmärtyrer
28. Hl. Eunika, Märtyrerin
    Hl. Paraskewa, Märtyrerin
29. Hl. Anastasia, Märtyrerin
    Hl. Arsenios
    Ehrw. Awramios, Wundertäter zu Rostow
30. Hl. Zenobios und Zenobia, Märtyrer
31. Hll. Stachyos, Amplios, Apostel
    Hl. Epimachos, Märtyrer

Auf dem Rand sind bei dieser Monatsikone zwölf verschiedene Gottesmutter-Darstellungen niedergeschrieben, im Ostraum gibt es insgesamt über dreihundert verschiedene. Bei derartigen Zusammenstellungen ist die unterschiedliche Haltung von Mutter und Kind besonders deutlich ablesbar.

Der ornamentierte Rand deutet auf eine Zuschreibung für
Ende des 18. Jhs.

Preisklasse DM 9000,– bis DM 12000,–

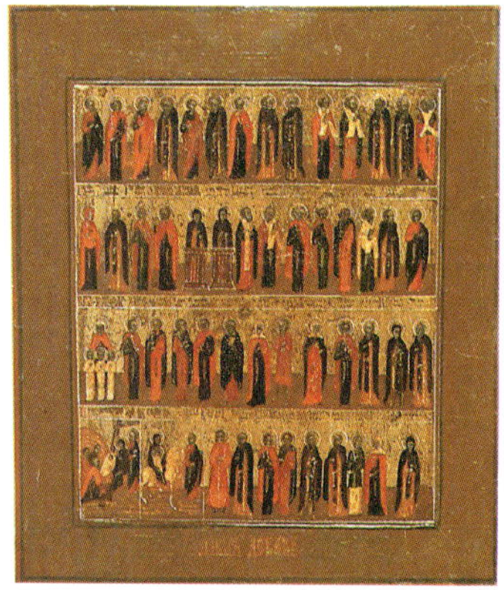

21 Monatsikone Dezember

H. 35,4 cm / B. 31,2 cm

Vertieftes Mittelfeld auf Goldgrund.
Auch für diese Ikone kann das Malerhandbuch der Schule Stroganow herangezogen werden:

1. Hl. Naum, Apostel
2. Hl. Awwakum, Prophet
3. Hl. Sophonios, Prophet
4. Hl. Barbara, Märtyrerin

(1.–4. jeweils mit weiteren Heiligen)

Hl. Johannes von Damaskus

5. Ehrw. Sabbas
6. Hl. Nikolaus, Erzbischof von Myra, Wundertäter
7. Hl. Ambrosios, Bischof von Mailand
8. Ehrw. Patapios, Bekenner
10. Hl. Menas, Märtyrer
    Hl. Hermogenos, Märtyrer
    Hl. Eugraphos, Märtyrer
11. Ehrw. Daniel, Stylit (Säulenheiliger)

14. Hl. Apollonios, Märtyrer
15. Hl. Eleutherios, Hieromärtyrer
    Hl. Stephanos
16. Hl. Aggäos, Prophet
17. Die drei hl. Jünglinge im Feuerofen: Ananias, Azarias, Misail
18. Hl. Bastian
19. Hl. Bonifatios, Märtyrer
20. Hl. Ignatios, Gottträger
21. Hl. Juliana, Märtyrerin
    Hl. Petros, Metropolit von Rußland, Wundertäter
22. Hl. Anastasia, Märtyrerin
23. Hll. zehn Märtyrer zu Kreta (?)
24. Hl. Eugenia, Märtyrerin
25. Christi Geburt (ausführliche Darstellung des Festtages)
26. Flucht nach Ägypten (ausführliche Darstellung des Festtages)
27. Hl. Stephanos, Großmärtyrer
    Hl. Theodor
28. Die hl. Märtyrer zu Nikomedien
29. Kindermord zu Bethlehem
30. Hl. Anisia, Martyrerin
    Ehrw. Zotikos
31. Ehrw. Melania

Rußland, 18. Jh.

Preisklasse DM 9000,– bis DM 12000,–

22 Große Kalenderikone

H. 70,5 cm / B. 57,7 cm

Neben den Jahresikonen werden auch mehrere Monate auf einer Ikone zusammengefaßt, in diesem Fall vier Monate.
In den Ecken oben links: Alttestamentliche Trinität, oben rechts: Pfingsten, unten links: Einzug in Jerusalem, unten rechts: Erweckung des Lazarus, oben Mitte: Höllenfahrt Christi, Mitte: Kreuzigung Christi.
Rußland, 18. Jh
Derartige große Kalenderikonen sind äußerst selten geworden und können als rares Sammlerstück eingestuft werden.

Preisklasse DM 35000,– bis DM 50000,–

23 Ikonostasenikone

H. 34,3 cm/ B. 30,7 cm

Vertieftes Mittelfeld.
Neben den Kalenderikonen stellen auch Ikonostasenikonen oft Lupenarbeit mit einer minuziösen Malweise dar. Auf den Ikonostasenikonen wird die Bildwand des Ostens auf einer Ikone wiedergegeben: In der Mitte die Königstür und in Rängen (russ. Tschin) übereinander geordnet die Festtagsreihe, die Reihe der Apostel, die Reihe der Erzväter usw. Den Mittelpunkt der Ikonostase bildet die Deesis mit Christus Pantokrator, der Gottesmutter und Johannes dem Vorläufer.

Rußland, um 1700.

Preisklasse DM 15000,– bis DM 20000,–

24 Große Ikonostasenikone

H. 52,6 cm / B. 44,3 cm

Vertieftes Mittelfeld.
Derartige Ikonen geben die Ikonostase einer Kirche bzw. eines Klosters in verkleinerter Form wieder. Die Ikonenwand trennt in der Ostkirche den Altarraum, der nur vom Priester betreten werden darf, von dem Kirchenschiff, wo sich die Gläubigen aufhalten.
Der Aufbau einer Ikonostase ist einheitlich nach bestimmten Regeln: In der obersten Reihe werden Szenen aus der Passionsgeschichte Christi dargestellt, in der Mitte die Kreuzigung. Diese Ikonen sind häufig durch Schnitzereien verziert, auch als Rund- oder Ovalikonen ausgearbeitet.
In der zweiten Reihe von oben sind die Vorväter aufgeführt (Moses, Abraham usw.). Die Vorväter wenden sich rechts und links zur Mitte, wo Christus auf seinem Thron als Pantokrator, umgeben von Engeln, aufgezeichnet ist.

In der dritten Reihe folgen die Propheten, deren Schriftrollen auf die Ankunft Christi hinweisen. Auch sie wenden sich zur Mitte, wo sich die Ikone der Gottesmutter des Zeichens (Znamenie) befindet.
Die zweite und dritte Bildreihe symbolisieren damit das Alte Testament.
In der vierten Reihe werden die zwölf Apostel dargestellt, angeführt von Petrus und Paulus. Die sogenannte Deesis mit Christus Pantokrator, Johannes dem Vorläufer und der Gottesmutter bildet den Mittelpunkt der Ikonenwand. (Deesis s. Nr. 64.)
In der fünften Reihe folgen die Hauptfesttage der orthodoxen Kirche, in der Mitte das Ostergeschehen als Hauptfesttag des Ostens dargestellt.
In der untersten, der sogenannten örtlichen Reihe befinden sich drei Türen. Die Mitteltür wird Königstür oder Zaren-Pforte genannt, weil nur der Priester oder der Zar diese Tür durchschreiten dürfen. Die Motive der Königstür sind meist sechsgeteilt, unten die vier Evangelisten und oben die Verkündigung mit der Gottesmutter und dem Engel Gabriel. Die beiden Seitentüren führen in die sogenannte Protheses, wo die Eucharistie vorbereitet wird, bzw. in das Diakonikon, eine Art Sakristei.
Zwischen der Königstür und der Deesisgruppe ist häufig die Apostelkommunion oder das Abendmahl dargestellt.
Rechts neben der Königstür findet man meist eine Ikone Christi als Pantokrator, links häufig ein Gottesmuttermotiv, rechts und links davon oft örtlich wichtige Heilige, nach denen die betreffende Kirche benannt ist, bzw. die in der Gemeinde besonders verehrt werden.
Vor der Ikonenwand sind Pulte aufgestellt, auf denen die Heiligen des Tages bzw. der Festtage oder auch Monatsikonen zur besonderen Verehrung ausgestellt sind. Die Höchstform der Verehrung im Osten ist der Kuß. Deshalb sind die Ikonen meist mit einer Glasplatte geschützt.
Die punzierte Ornamentierung auf dem Rand dieser Ikone weist auf die zeitliche Einordnung hin.

Rußland, 2. Hälfte 18. Jh.

Preisklasse DM 15000,– bis DM 20000,–

25 Hausikonostase

H. 44 cm / B. 117 cm (geöffnet)

Komplette Hausikonostasen sind nur noch selten erhalten. Sie geben die vollständige Ikonenwand wieder, wie wir sie in der Ostkirche antreffen.
Außergewöhnlicher Erhaltungszustand.

Rußland, Anfang 18. Jh.

Preisklasse DM 35000,– bis DM 50000,–

26 Teil einer Ikonostase

H. 52,5 cm / B. 17,7 cm

Außergewöhnliche Malqualität auf Silber/Goldgrund.
Oben Einführung Mariä in den Tempel: Die Eltern Anna und Joachim übergeben dem Zacharias die jugendliche Gottesmutter, die von den Jungfrauen des Ortes begleitet wird, wie in der Bibel beschrieben. Im unteren Teil sind drei orthodoxe Heilige wiedergegeben, deren Beschriftung nicht mehr lesbar ist. Derartige Teilstücke aus einer Ikonostase sind häufig beschnitten, um sie passend in der Ikonenwand einzuordnen. So fehlt auch in diesem Fall am oberen Rand ein Thema, welches nachträglich abgeschnitten wurde.

Rußland, 18. Jh.

Preisklasse DM 10000,– bis DM 15000,–

27 Seraphim

Ø 21,3 cm

Der sechsflügelige Engel auf Goldgrund, vertieft, in einer Rundikone dargestellt, war vermutlich Teil einer Ikonostase. Die Seraphim gehören zu den neun Engelschören. In der *Legenda Aurea* sind sie als die „glühenden" bezeichnet, bei Gregor als die „brennenden".
So ist dieser Seraphim auch auf der vorliegenden Ikone mit menschlichem Gesicht dargestellt.
In dieser Form selten.

Rußland, 19. Jh.

Preisklasse DM 4000,– bis DM 6000,–

HEILIGENDARSTELLUNGEN

28 Zwei orthodoxe Heilige

H. 31 cm / B. 25,6 cm

Doppelt vertieftes Mittelfeld.
In der Mitte oben Christus Pantokrator auf der Wolkenbank. Leider erlauben es die restlichen Schriftzeichen nicht, eine namentliche Bezeichnung abzugeben. Die Pferdeherde im Hintergrund läßt jedoch die Vermutung offen, daß Florus oder Laurus dargestellt sind.

Rußland, 17. Jh.

Preisklasse DM 6000,– bis DM 9000,–

29 Zwei orthodoxe Heilige

H. 31,2 cm / B. 27 cm

Doppelt vertieftes Mittelfeld.
Infolge fehlender Namensinschriften sind die beiden Heiligen, welche die rechte Hand zum Segensgestus erhoben haben und als Priester gekleidet sind, nicht identifizierbar.
Den oberen Abschluß bildet Christus Emanuel auf der Wolkenbank, beide Hände zum Segensgestus erhoben.

Zentralrußland, Ende 17. Jh.
Das Alter ist an den Krakelüren ablesbar. Einige Restaurierungen können noch den Mönchen zugewiesen werden.

Preisklasse DM 5000,– bis DM 7000,–

30 Drei orthodoxe Heilige

H. 30,7 cm / B. 26,6 cm

Äußerst feine Malweise auf Goldgrund, vertieftes Mittelfeld.
Den oberen Abschluß bildet Christus in Pantokrator-Haltung, mit beiden Händen den orthodoxen Segen spendend.
Von den mehreren Tausend Heiligen, die die Ostkirche kennt (wenn man alle örtlichen Heiligen mitzählt), sind hier die Heiligen Michael, Naum und Theodor wiedergegeben.

Rußland, 18. Jh.

Preisklasse DM 6000,– bis DM 10000,–

31 Drei orthodoxe Heilige

H. 30,9 cm / B. 27,2 cm

Äußerst feine Malweise, Sammlungsstück.
Auf dem vertieften Mittelfeld werden von links die Moskauer Metropoliten Peter, Alexis und Ioua, stehend, in vollem Ornat dargestellt, die geschlossene Bibel in ihrer Linken, die rechte Hand zum orthodoxen Segensgestus erhoben. Die einheitliche frontale Darstellung - jeweils differenziert durch Gesichtsausdruck, Barttracht und Gewänder - strömt eine große Ruhe und hypnotische Wirkung aus.
Den oberen Abschluß bildet Christus Pantokrator auf der Wolkenbank, die Rechte zum Segensgestus erhoben, in der Linken ebenfalls die Bibel.

Rußland, 18. Jh.

Preisklasse DM 6000,– bis DM 10000,–

32 Drei orthodoxe Heilige

H. 35,8 cm / B. 31,2 cm

Seltene Sammlerqualität in besonders feiner Malweise, vertieftes Mittelfeld auf Goldgrund.
Die Darstellung derartiger Heiliger wechselt häufig, weil es sich oft um Auftragsarbeiten gehandelt hat und hierbei die Namensheilien der Kirche, des Klosters oder der Familie aufgezeichnet wurden.
Den oberen Abschluß bildet Christus auf der Wolkenbank.

Rußland, 18. Jh.

Preisklasse DM 15000,– bis DM 20000,–

33 Die drei Hierarchen

H. 29,4 cm / B. 23,5 cm

Vertieftes Mittelfeld.
Auf der Ikone werden von links nach rechts die drei größten Kirchenlehrer der orthodoxen Kirche dargestellt:
Basilios der Große (um 330–379) mit einem langen dunklen Bart,
Gregorios von Nazianz (um 329 bis um 390), der Theologe, als alter Mann mit weißem Haar und entsprechendem Bart, Johannes Chrysostomos (um 354 bis 407) im mittleren Alter, mit asketisch schmalem Gesicht und kurzem Bart.
Das Fest der „Drei Heiligen Hierarchen" feiert die Ostkirche am 30. Januar.
Die Hierarchen stehen frontal, die geschlossene Bibel in Händen. Als orthodoxe Bischöfe sind sie in ihren farbenprächtigen ornamentierten Gewändern wiedergegeben.
Basilios, von seinen Zeitgenossen „der Große" genannt, wurde in Kappadokien geboren. Er stammte aus einer vornehmen christlichen Familie. Sein Bruder ist der hl. Gregor von Nyssa.
In Athen lernte er Gregorios von Nazianz kennen (Gregor der Theologe). Mit ihm verband ihn eine lebenslange Freundschaft. Basilios war ein Kämpfer gegen die Arianer und Mitgestalter der ostkirchlichen Liturgie.
Vom hl. Gregorios sind uns 45 Reden erhalten, die zum größten Teil in der Kirche vorgetragen und von Schnellschreibern aufgezeichnet wurden. Überliefert ist uns auch die Grabrede für Basilios und eine Lobrede auf Athanasios. Für ihn war der Theologe Mittler zwischen Gott und den Menschen.
Johannes Chrysostomos wurde 397 Patriarch von Konstantinopel. Seine berühmten Predigten und seine vorbildliche Haltung erregten Neid und Feindschaft, so daß er 404 nach Armenien in die Verbannung geschickt wurde, wo er schließlich den Strapazen der Reise erlag. Aufgrund seiner berühmten Reden wurde er „Goldmund" genannt.
Den oberen Abschluß dieser Ikone bildet „das nicht von Menschenhand geschaffene Antlitz Christia", das sogenannte „Mandylion", auf dem Rande links wird der hl. Antipa wiedergegeben, auf dem Rande rechts die hl. Solomonia.

Rußland, 17. Jh.

Preisklasse DM 10000,– bis DM 15000,–

34 Die drei Heiratsvermittler

H. 30,6 cm / B. 26,3 cm

Außergewöhnliche Malweise.
Auf der Ikone werden die sogenannten Drei Heiratsvermittler, nebeneinander stehend, dargestellt, jeweils mit einem silbernen Nimbus versehen. Es handelt sich um die Heiligen Samon, Gurij, Awiw. Nach dem russischen Volksglauben helfen die drei Heiligen in Heiratsangelegenheiten und sind daher besonders gesucht. Auf dem Rand werden weitere sechs orthodoxe Heilige wiedergegeben.
Den oberen Abschluß bildet das Mandylion.
Rußland, 18. Jh.

Preisklasse DM 9000,– bis DM 12000,–

35 Heiliger Nikolaus, der Wundertäter

H. 36,4 cm / B. 31,6 cm

Farbige Darstellung auf Goldgrund.
Unter den mehreren Tausend Heiligen der Ostkirche wird der hl. Nikolaus von Myra am häufigsten auf Ikonen dargestellt. Er soll im 4. Jh. als Bischof in Kleinasien gelebt haben. So finden wir ihn auch auf Ikonen frontal den Gläubigen ansehend, d. h. genaugenommen sieht er an dem Betrachter vorbei. Der hypnotische Eindruck, welcher von diesen Ikonen ausgeht, sollte dadurch wohl etwas gemildert werden.
Noch heute kann man die Gläubigen im Osten vor derartigen Ikonen im Zwiegespräch finden. Man ruft den Nikolaus um Hilfe an für die Gesundheit, und man erhält ihrer Meinung nach auch Antwort und Unterstützung.
Die Bibelstelle entspricht dem Anfang des Evangeliums vom Nikolausfest, welches die orthodoxe Kirche am 6. Dezember und am 9. Mai feiert: „In jener Zeit versammelte Jesus viel Volk aus ganz Judäa um sich ..." (Lukas 6, V. 15-23).
Nikolaus gilt als Wundertäter und Helfer der Armen, Kranken und Kinder. Immer finden wir ihn mit einem gestutzten Bart und hoher sorgenvoller Stirn gezeichnet. Als Bischofsgewand trägt er das sogenannte Omophorion, kenntlich durch die beiden Kreuze.
Als Attribute finden wir links Christus, der ihn segnet oder die Bibel überreicht und die Gottesmutter, die ihm das Omophorion überreicht.

Rußland, 19. Jh.

Preisklasse DM 2500,– bis DM 3500,–

36 Nikolaus von Mozajsk, stehend

H. 31,3 cm / B. 26,7 cm

Zarte Miniaturmalerei auf Goldgrund, welche insbesondere an den Ornamenten ablesbar ist, vertieftes Mittelfeld.
Eine der zahlreichen Legenden beschreibt die Belagerung der Stadt Mozajsk durch die Tataren. Im letzten Augenblick soll der hl. Nikolaus die Stadt gerettet haben.
Mit dem Schwert in seiner Rechten hat er die Kirche in seiner Linken verteidigt.
Als Attribute wiederum Christus und die Gottesmutter in der üblichen Form.

Rußland, 18. Jh.

Preisklasse DM 5000,– bis DM 7000,–

37 Vita des hl. Nikolaus

H. 35,6 cm / B. 30,1 cm

Außergewöhnliche Malweise, vertieftes Mittelfeld auf Goldgrund.

In der Mitte der Ikone ist der hl. Nikolaus als Bischof in der traditionellen Form in Halbfigur dargestellt.
Außen werden zwölf Szenen aus seinem Leben wiedergegeben.

1. Reihe: Geburt des Nikolaus mit Waschung und Übergabe der Geschenke, Taufe des Nikolaus (er konnte im Taufbecken schon stehen), Übergabe an den Lehrer.

2. Reihe: links: Weihe zum Bischof,
rechts: Der Heilige wirft drei Jungfrauen Golddukaten ins Bett, um sie vor Schande zu bewahren. Der Vater bedankt sich durch Kniefall.

3. Reihe: Krankenheilungen.

4. Reihe: Verhinderung der Hinrichtung von drei Unschuldigen durch Anhalten des Schwertes, Heilung eines Kranken, Aufbahrung des hl. Nikolaus, Überführung nach Bari.

Die Wundertaten des hl. Nikolaus sind in 150 Legenden überliefert.

Auf dem Rande vier orthodoxe Heilige.

Rußland, 1. Hälfte 18. Jh.

Preisklasse DM 15000,– bis DM 20000,–

38 Hl. Ulitta mit Sohn Kyrik

H. 31 cm / B. 25,5 cm

Vertieftes Mittelfeld auf Goldgrund.
Die heilige Ulitta (Julitta) wird auf Ikonen meist mit ihrem dreijährigen Sohn Kyrik (Quiricus), stehend, wiedergegeben. Dies geht auf folgende Begebenheit zurück: Während der diokletianischen Christenverfolgung war sie vom kaiserlichen Statthalter Alexandros aufgefordert worden, ihren Glauben aufzugeben. Als sie sich weigerte, wurde sie in Tarsus ergriffen und vor den Richter gebracht.
Als dieser sie angesichts ihres Sohnes mit Riemen schlagen ließ, zerkratzte das Kind dem Richter das Antlitz, weil dieser es zu sich bekehren wollte. Der Richter schleuderte das Kind daraufhin zu Boden, so daß es tot liegen blieb. Die Mutter Ulitta wurde enthauptet.
Der Feiertag dieser Märtyrer ist der 15. Juli.
Den oberen Abschluß bildet Christus auf der Wolkenbank.

Rußland, um 1800.

Preisklasse DM 5000,– bis DM 8000,–

39 Heilige Maria von Ägypten

H. 33 cm / B. 25,5 cm

Farbenreiche Malweise auf vertieftem Mittelfeld mit Goldgrund dieser heilien mit ihrer Vita.

Nach Pilgerberichten soll diese Heilige und Büßerin Ende des 5. Jhs. Anfang des 6. Jhs. siebzehn Jahre als Dirne in Alexandria gelebt haben. Man kann davon ausgehen, daß es sich um eine historische Persönlichkeit handelt. Ihr Leben ist in der LEGENDE AUREA beschrieben. Auf einer Wallfahrt nach Jerusalem wurde sie bekehrt und verbrachte 47 Jahre in der Wüste jenseits des Jordan, in strenger Abgeschiedenheit. Dort büßte sie für ihre früheren Sünden. Nach ihrem Tode soll ein Löwe sie vergraben haben. Deshalb wird sie häufig zusammen mit einem Löwen auf Ikonen dargestellt, ein Teil ihres asketisch ausgedörrten Körpers unbedeckt.
Pilgerfahrten an ihr Grab sollen seit dem 6. Jh. durchgeführt worden sein.
Ihr Gedenktag ist der 1. April.
Auf unserer Ikone ist sie zusammen mit dem Abt Zosima wiedergegeben, dem sie gebeichtet haben soll, daß sie „niemandem ihren Leib verweigerte".

Rußland, 18. Jh.

40 Johannes der Vorläufer (Täufer)

H. 90,7 cm / B. 35,6 cm

Ikonostasenikone.
Vertieftes Mittelfeld.
Der Prophet Johannes wird meist mit zerzaustem Barthaar, einem Asketengesicht und einem zottigen Schafspelz als Umhang (Melote) als Zeichen seiner langen Bußeinsamkeit auf Ikonen gezeigt. Seine Gefangenschaft und sein Märtyrertod sind bei Matth. 14, 10-11 geschildert:
„... Und er [Herodes] hätte ihn gern getötet, fürchtete sich aber vor dem Volk; denn sie hielten ihn für einen Propheten ... Und er schickte hin und enthauptete Johannes im Gefängnis. Und sein Haupt ward hergetragen in einer Schüssel und dem Mägdelein gegeben."
Weitere Bibelquellen: Lukas 1, 5-22; Matth. 23, 35; Apokryphes Protoevangelium des Jakobus 22, 3-24, 3; Lukas 1, 57; Lukas 1, 80; Apokryphes Protoevangelium des Jakobus 12, 3.
Siehe hierzu die Vita-Ikone Nr. 53.

Zentralrußland, 17. Jh.

Preisklasse DM 15000,– bis DM 20000,–

41 Vita Johannes des Vorläufers (Täufers)

H. 39,4 cm / B. 34,4 cm

Rote Farbigkeit auf Goldgrund.
In dieser Form seltene Thematik.
Auf der fünfgeteilten Ikone werden vier Szenen aus der Lebensgeschichte Johannes' des Vorläufers wiedergegeben:

Oben links: Geburt mit Waschung und Übergabe der Geschenke,
oben Mitte: Aufnahme des Johannes im Tempel durch Zacharias,
oben rechts: Enthauptung des Johannes mit Übergabe des Kopfes an Salome,
unten Mitte: Auffindung des Hauptes.

Rechts und links davon fünf orthodoxe Heilige in betender Haltung.

Rußland, wahrscheinlich Palecher Schule, 18. Jh.

Preisklasse DM 9500,– bis DM 12000,–

42 Hl. Paraskeva (Piatnitza)

H. 30,8 cm / B. 27,3 cm

Vertieftes Mittelfeld auf Goldgrund.
Der Name der heiligen Paraskeva bedeutet „Zurüstung" und ist zugleich auch die Bezeichnung für den Freitag, in der Liturgie bis zum Jahre 1955 speziell für den Karfreitag. Nach der Legende erhielt die Heilige diesen Namen, weil sie an einem Freitag geboren wurde.
Ihre gottesfürchtigen Eltern hießen Agathon und Politeia und lebten in einem kleinen Ort bei Rom.
Paraskeva führte ein zurückgezogenes Leben, das dem Lesen der Heiligen Schrift und der Meditation über Gottes Wort geweiht war. Nach dem Tode ihrer Eltern zog sie durch das Land und bekehrte viele Menschen zu Christus. Auf Befehl des Kaisers Antoninus Pius (138-160) wurde sie eingekerkert, weigerte sich, den Götzenbildern zu opfern und wurde nach grausamen Foltern im Jahre 140 enthauptet. Das Jahresfest zur Erinnerung an diese Märtyrerin wird nach dem alten kirchlichen Kalender am 28. Oktober gefeiert, nach dem heutigen Kalender am 10. November.
Die hl. Paraskeva wacht über das Freitags-Fasten. Sie verhilft den Mädchen zu guten Ehemännern und bestraft säumige Hausfrauen. Sie ist meist in leuchtendes Rot gekleidet. Der Gesamteindruck hat etwas feierlich Strahlendes.

Rußland, 18. Jh.

Preisklasse DM 5000,– bis DM 8000,–

43 Säulenheiliger Simeon

H. 27,4 cm / B. 23 cm

Im doppelt vertieften Mittelfeld auf Goldgrund wird der erste Säulenheilige (Stylit) dargestellt, wie er sich Speise und Trank auf seine selbsterbaute Säule hinaufzog.
Zunächst soll er die Schafe des Vaters gehütet haben, später lebte er 47 Jahre lang auf einer Säule in Antiochien. Am Anfang seines Mönchslebens soll er jede Woche nur einmal gegessen haben, später nur alle vierzig Tage einmal.
Der heilige Simeon starb 459 im Alter von 103 Jahren. Sein Namenstag ist der 5. Januar.

Rußland, um 1800, auf einem älteren Brett gemalt.

Preisklasse DM 4000,– bis DM 7000,–

44 Arztheiliger Pantheleimon

H. 31,5 cm / B. 26,2 cm

Vertieftes Mittelfeld auf Goldgrund.
Der Arztheilige Pantheleimon gilt seit dem 6. Jh. als Patron der Ärzte und zahlt zu den Anargyroi („die kein Geld nehmen").
Sein Name stammt aus dem Griechischen und bedeutet Allerbarmer. Er war Leibarzt des Kaisers Maximianus am Hofe von Nikomedia und wurde von dem Priester Hermolaos bekehrt. Sohn eines heidnischen Vaters und einer christlichen Mutter, erkannte der hl. Pantheleimon bereits als Kind seine Heilkräfte und wurde in der Arzneikunst ausgebildet. Als er einmal in Gegenwart seines Vaters, durch Anrufung Christi, einen Blinden sehend machte, bekehrte sich auch der Vater. Später verleumdeten ihn neidische Kollegen. Er wurde verklagt und verhaftet, wobei ihm sein christlicher Glaube vorgeworfen wurde. Seine Standhaftigkeit konnte jedoch durch Geißelung, Gebranntwerden, Hunger und andere Martern nicht erschüttert werden. Als Märtyrer band man ihn 305 in Bithynien an einen Ölbaum. Noch vor seinem Tode bat er um Vergebung für die Scharfrichter. Bei der Enthauptung soll Milch aus seinem Kopf geflossen sein. So wurde er auch der Schutzheilige der Ammen. Seine Gebeine befinden sich im Pantheleimon-Kloster auf dem Berge Athos/Griechenland.
Es gibt verschiedene katholische Kirchen mit seinem Namen. Kürzlich wurde auch eine Kirche in Japan von einem deutschen Bischof

nach seinem Namen geweiht. Im katholischen Bereich heißt er Pantaleon. Sein Namenstag ist der 28. Juli.
Der hl. Pantheleimon, der zu den Vierzehn Nothelfern gehört, wird auf unserer Ikone so dargestellt, wie er meist in der Ikonographie zu finden ist: im jugendlichen Alter, das Medizinkästchen in der Linken, aus dem er mit der Rechten, mit Hilfe eines Löffels, die Medizin entnimmt. Der rote Mantel symbolisiert seinen Märtyrertod.

Rußland, 18. Jh.

Preisklasse DM 6000,– bis DM 10000,–

45 Orthodoxer Heiliger,
oben links Gottesmutter Hodegitria auf der Wolkenbank

H. 31,6 cm / B. 28 cm

Das Alter der Ikone ist an den Krakelüren des doppelt vertieften Mittelfeldes ablesbar.
Einer der zahlreichen orthodoxen Heiligen ist hier mit der Gottesmutter im Gebet versunken.

Zentralrußland, 17. Jh.

Preisklasse DM 8000,– bis DM 12000,–

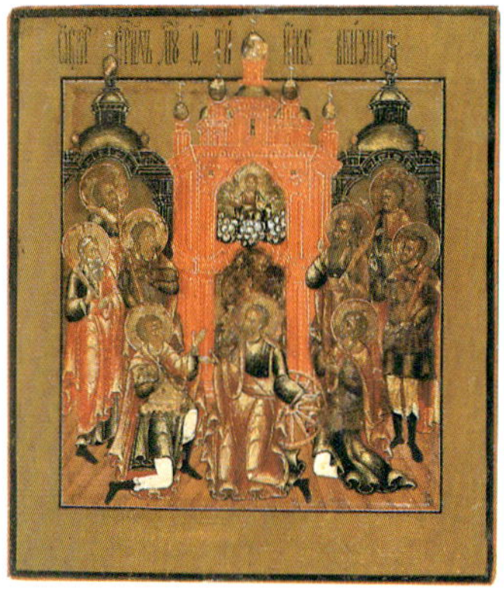

46 Neun Märtyrer von Kyzikos

H. 26,6 cm / B. 23,7 cm

Vertieftes Mittelfeld mit Goldgrund, außergewöhnliche Malweise, welche sowohl an den Gesichtern wie auch an der Architekturkulisse im Hintergrund ablesbar ist.
Das Thema der „Neun Märtyrer von Kyzikos" ist selten. Die Namen der neuen Martyrer sind:

Artemios	Magnus
Theogius	Theodotus
Rufus	Thaumasius
Antipater	Plulimon
Theostichos	

Nach ihnen ist eine Klosterkirche in der Nähe des Ortes Kasan geweiht. Diese erkennen wir im Hintergrund mit ihrer Architekturkulisse.
Oben in der Kuppel wird Christus Pantokrator, der Weltenherrscher, wiedergegeben, auf seinem Thron sitzend.
Bei diesem Thema ist meist im Hintergrund eine reiche Architektur aufgezeichnet. Jeder der Heiligen hat seinen bestimmten Platz, der Aufbau ist symmetrisch angeordnet.

Rußland, 18. Jh.

Preisklasse DM 6000,– bis DM 9000,–

47 Synaxis der Heiligen

H. 31,4 cm / B. 26,9 cm

Im doppelt vertieften Mittelfeld erkennen wir unten in vier Reihen übereinander die Hierarchie der Heiligen, welche sich in der Mitte Christus, dem Weltenherrscher, zugewandt haben. Daneben werden zwei Gottesmutter-Motive dargestellt, und zwar links die Kasanskaja und rechts die Gottesmutter Hodegitria.
Links davon wird die Geißelung Christi wiedergegeben, rechts das Thema „Unerwartete Freude". Im oberen Teil sind Engel und Heilige aufgezeichnet.

Rußland, 17. Jh.

Preisklasse DM 10000,– bis DM 15 000,–

48 Versammlung der Engel (Synaxis)

H. 40 cm / B. 33,4 cm

Farbige Darstellung auf Goldgrund.
Es handelt sich um ein seltenes Thema.
Rares Sammlerstück.
Das Fest der Synaxis wird in der orthodoxen Kirche am 8. November gefeiert.
Auf der vorliegenden Ikone haben sich die Engel versammelt und halten das Christusmedaillon - mit dem jugendlichen Christus Emanuel in Wolken gehüllt - als Zeichen ihrer Unterwürfigkeit in Händen. Typisch sind die roten Schleifen im Haar der Engel, die in Ringelform deutlich zu erkennen sind und schon auf frühen Ikonen des 15. Jhs. erscheinen.
Auf dem Rand links und rechts werden vier orthodoxe Heilige dargestellt, rechts oben hl. Basileos, rechts unten hl. Euphrosinia.

Rußland, 18. Jh.

Preisklasse DM 5000,– bis DM 8000,–

49 Große Ikonostasenikone

Gottesmutter von Kazan (oben)
Cosmas und Damian mit Erzengel Michael
(unten)

H. 52,3 cm / B. 30,6 cm

Aus den Abmessungen ist zu ersehen, daß es sich um eine Ikone aus der Ikonenwand eines Klosters bzw. einer Kirche handelt.
Im oberen Teil wird die Gottesmutter von Kasan (Kasanskaja) wiedergegeben, Beschreibung s. Nr. 33.
Im unteren Teil erkennen wir rechts und links die beiden Apothekenheiligen Cosmas und Damianos. Die Zwillingsbrüder stammen aus Arabien. Sie heilten der Legende nach die Kranken in Aegaea unentgeltlich. Daraus resultiert ihr Name „die Uneigennützigen" (Anargyroi - ohne Geld).
In Rußland gelten sie als Patrone der Kranken, Ärzte und Apotheker. Häufig werden sie zusammen mit dem Arztheiligen Pantheleimon dargestellt. Als Attribute führen sie eine Arzneibüchse, Salbenspatel und medizinische Instrumente.
Cosmas soll bestimmt haben, er wolle nicht neben seinem Bruder begraben werden, weil dieser von einer Witwe entgegen der Absprache drei Eier genommen habe. Die Ironie des Schicksals hat es gefügt, daß sie durch den Präfekten Diokletian im Jahre 303 enthauptet und gemeinsam – Seite an Seite – bestattet wurden. Ein Kamel mit menschlicher Stimme soll dies veranlaßt haben.
Den Brüdern werden Krankenheilungen, Totenerweckungen sowie Teufelsaustreibungen zugeschrieben. Außerdem wird ihnen die erste Transplantation eines kranken Beines bei einem Weißen durch das Bein eines gerade verstorbenen Mohren nachgesagt.
Zwischen den beiden Apothekenheiligen steht der Erzengel Michael. Er wird auch „Quis ut Deus" (lateinisch) genannt, „Wer ist wie Gott". Er gilt als einer der beiden Führer der himmlischen Heerscharen. Siehe hierzu die Ikonen Nr. 1 bis 4.

Rußland, 18. Jh.

Preisklasse DM 7000,– bis DM 10000,–

50 Vita des heiligen Johannes von Nowgorod

H. 35,2 cm / B. 31,2 cm

Auf dem vertieften Mittelfeld dieser gut durchgezeichneten Ikone auf Goldgrund wird die Lebensgeschichte des hl. Johannes von Nowgorod dargestellt.
Links unten ein Schutzengel,
rechts unten der Erzengel Michael, beide stehend.
Ikonen mit dieser Lebensgeschichte sind äußerst selten.

Rußland, um 1800.

Preisklasse DM 8000,– bis DM 10000,–

51 Vita des Propheten Elias

H. 44,4 cm / B. 39,5 cm

Im Himmel oben rechts wird die feurige Himmelfahrt des Elias in einem mit vier Pferden bespannten Wagen dargestellt. Die Pferde sind geflügelt. Im Wagen ist Elias, der seinen Mantel dem in der Wüste zurückbleibenden Elisäus zuwirft. Nach 1. Kön. 19, 19, 2. Kön. 1, 1-25, 2. Kön. 3, 11-17, wird Elisäus von Elias auf Geheiß des Herrn zu seinem Nachfolger bestimmt und ist sein Begleiter, als dieser den Jordan mit seinem Mantel teilt und beide trockenen Fußes hindurchschreiten können.

Links unten schläft Elias, von einem Engel bewacht, der ihm Speise und Trank reicht.

Darüber in einer Höhle sitzend, bringt ihm ein Rabe Nahrung.

Die farbenfrohe Ikone des Elias ist das Sinnbild für die Auferstehung und Errettung der Seele. Der russische Volksmund spricht davon, daß der Besitzer dieses Ikonenthemas immer Brot im Hause habe.

Elias ist der erste große schicksalskündende Prophet Israels, der den Glauben der Väter gegen den Baalskult verteidigt (1. Kön. 17 ff., 2. Kön. 1 ff.). Er erhält die Weisung, an den Bach Krith zu ziehen und eine Witwe in Sarepta aufzusuchen. Er findet sie, als sie Holz sammelt, um ein letztes Mahl vor dem drohenden Hungertod zu bereiten, und bittet sie um Trank und Brot. Sie teilt das Letzte mit ihm, Elias bleibt bei ihr. Es vermehrt sich das Mehl und das Öl im Krug, und als ihr Sohn

erkrankt und stirbt, erweckt ihn Elias wieder zum Leben. Elias ist in Thesba in Palästina als Sohn des Sabachaus aus dem Stamm Levi (Priesterstamm) geboren. Er wurde unter dem König Achab von Israel 900 v. Chr. zum Propheten berufen.
Er lebte drei Jahre in der Wüste als Anachoret und ist damit ein weiterer Vorläufer Christi, neben Johannes dem Täufer. Lukas vergleicht ihn mit diesem (Lukas 1,17). Elias bedeutet im Hebräischen „Stärke des Herrn". Er war der mächtigste unter den alten Propheten, der die Gewalt über die natürlichen Elemente empfangen hatte, der den Himmel verschloß (1. Kön. 17, 1), und öffnete (1. Kön. 18, 45). Er wohnte am Berg Karmel.
In frühchristlicher Zeit wird fast ausschließlich die Himmelfahrt des Elias dargestellt, die mit der Mantelübergabe an Elisäus verbunden ist. Seit der Gründung des Karmeliterordens, der Elias als einen „Führer und Vater" (ordo Elianus) verehrte, finden wir häufig Zyklen in Refektorien und Kirchen der Karmeliterklöster. Verbreitung des Kultes besonders im ostkirchlichen Bereich, nach Gründung des Karmeliterordens im 13. Jh. auch im Abendland. Die Himmelfahrt des Elias ist für die Kirchenväter Hinweis auf die spätere Himmelfahrt Christi.

Die *Biblia pauperum* bringt u. a. folgende Gegenüberstellungen:

Elias erweckt den Sohn der Witwe von Sarepta	- Auferweckung des Lazarus
Elias in der Wüste schlafend	- Christus und die drei schlafenden Jünger
Jezabel sucht Elias zu töten	- Christus vor Pilatus (Joh. 7., 7 „Mich aber haßt die Welt")
Elias und die Witwe Sarepta mit gekreuzten Stäben	- Kreuzigung Christi
Gottesurteil am Berg Karmel	- Ausgießung des Hl. Geistes
Elias' Himmelfahrt	- Christi Himmelfahrt
Elias' Streit mit den Baalspriestern	- Streit der Juden um Christus (Joh. 7,12)
Elias am Berg Karmel	- Jesus am Ölberg
Elias wird von einem Engel geweckt	- Christus weckt die Jünger
Elias bittet Elisäus, einen Wunsch zu äußern	- „Bittet, so werdet ihr empfangen" (Joh. 16, 23)
Elias wird von einem Raben gespeist	- Wunderbare Brotvermehrung

Auf dem Rande links und rechts zwei orthodoxe Heilige.

Rußland, 19. Jh.

Preisklasse DM 4000,– bis DM 7000,–

52 Das Wunder des Erzengels Michael
mit den kappadokischen Pferdehirten

H. 30,6 cm / B. 27,5 cm

Mit Messing-Basma.

Ähnlich der „Verklärung auf dem Berge Tabor" steht hier der Erzengel Michael auf der Bergesspitze, zu seiner Rechten der hl. Florus, zu seiner Linken der hl. Laurus, dazwischen die Heiligen Modestos und Blasius, Kuhhirte und Märtyrer zu Kappadokien. Die Zwillingsbrüder Florus und Laurus waren Steinmetzen und erlitten das Martyrium unter Kaiser Hadrian in Illyrien. Ihre Gebeine wurden in Thrakien gefunden.

Ebenso wie Cosmas und Damian werden die beiden Brüder als Arzthelfer verehrt, mit dem griechischen Beinamen Anargyroi, „die kein Geld annehmen".

In der unteren Bildhälfte erkennt man die drei Pferdehirten

Speusippos (Pevsipp)	=	Pferdespäher,
Eleusippos (Elasipp)	=	Pferdebesitzer und
Meleusippos (Mesipp)	=	Rappenfänger.

Sie treiben ihre Pferdeherde zur Tränke. Schon in dem Bericht ihres Martyriums werden sie als geschickte Pferdefänger und Fohlenbändiger bezeichnet.

Die Ikonographie dieses Themas geht vermutlich auf alte vorchristliche Pferdegötter-Mythen zurück.

Rußland, 1. Hälfte 18. Jh.

Preisklasse DM 8000,– bis DM 12000,–

53 Erzengel Michael Wojeda

H. 35,5 cm / B. 31,5 cm

Vertieftes Mittelfeld auf Goldgrund.
Wie ein weltlicher Fürst ist der Erzengel Michael in prächtiger goldener Rüstung auf einem Pferd dargestellt, als Bekämpfer des Bösen und des Teufels.
So wird es im apokryphen Henoch-Buch, in der Offenbarung des Johannes, Kap. 17, 7, und Daniel 10,12,1-3 und 13, 21, geschildert, ebenso im Judas-Brief.
Die Aufgabe wurde ihm von Gott übertragen. Auf einem geflügelten feuerroten Schlachtroß besiegt er den Teufel. Als Anführer der himmlischen Heerscharen und Fürst der Engel hat sein Name die Bedeutung „Wer ist wie Gott" (Quis ut Deus) oder „Antlitz Gottes". Sein Haupt ist mit einer goldenen Krone bedeckt. In der Rechten trägt er die Bibel, einen Speer, mit dem er den Teufel besiegt hat und einen Weihrauch-Kessel; in der Linken hat er das Horn, mit dem er zum Jüngsten Gericht bläst. Außerdem hält er die Seelenwaage in der Hand und scheidet damit die Guten von den Bösen.
Im unteren Teil erkennt man die in den Wellen versinkenden Trümmer von Jericho. So werden die biblischen Geschehnisse in diesem Bildmotiv vereint.

Der gestürzte Antichrist ist als Teufelswesen mit Krallen, geflügelt, dargestellt, wie er aus Jericho vertrieben wird. Auf dem Rande links erkennen wir einen Schutzengel, auf dem Rande rechts den hl. Charalambdos.

Rußland, 18. Jh.

Preisklasse DM 7000,– bis DM 10000,–

54 Heilige Katharina, stehend

Große Ikonostasen-Ikone

H. 87,3 cm / B. 53,5 cm

Die Ikone ist auf Leinwand gemalt und von außergewöhnlicher Malqualität.
Oben links auf der Wolkenbank wird die Gottesmutter Iverskaja dargestellt, unten links ein Kloster.
Der Name Katharina bedeutet „die Reine". Sie hat im 5.Jh. gelebt und gilt als besonders volkstümliche und legendäre Heilige. Sie wird als Patronin der Philosophie verehrt.
Nach der Legende war sie die Tochter eines Königs von Zypern, studierte Philosophie und wurde von einem Eremiten zum Christentum bekehrt. Kaiser Maximinian wollte sie heiraten und soll von ihr abgewiesen worden sein. Daraufhin wurde sie gemartert, ausgepeitscht und eingekerkert.
Eine weiße Taube brachte ihr Nahrung, und ein Engel tröstete sie. Als sie gerädert werden sollte, zerbrach das Rad, welches mit spitzen Messern und Nägeln versehen war. Deshalb wird sie häufig mit einem halben Rad dargestellt. Blitz und Donner haben das Rad zerstört und die Lenker erschlagen. Der Kaiser ließ sie schließlich enthaupten. Engel trugen ihren Leib auf den Berg Sinai und legten ihn in ein Grab, welches heute im dortigen Katharinenkloster - eine Gründung Kaiser Justinians - verehrt wird.
Nach einer weiteren mystischen Legende soll sie sich mit Christus verlobt haben. Auch diese Verlobung ist in der Ikonographie wiedergegeben. Die heilige Katharina gehört zu den Nothelfern. In der Rechten trägt sie ein Kreuz als Symbol ihres Martyriums.

Rußland, 1. Hälfte 18. Jh.

Preisgruppe DM 10000,– bis DM 14000,–

55 Erzvater Melchizidek

Große Ikonostasen-Ikone

H. 89 cm / B. 35,7 cm

Vertieftes Mittelfeld auf Goldgrund.
Der Erzvater ist äußerst selten auf Ikonen anzutreffen.

Rußland, 1. Hälfte 18. Jh.

Preisgruppe DM 10000,–
bis DM 15000,–

56 Gottesmutter Hodegitria

H. 32,5 cm / B. 28 cm

Mit Silber-Riza und -Nimbus vergoldet, Meistermarke WC.
Auf dem Rand vier orthodoxe Heilige.

Der Name „Hodegitria" wird abgeleitet von einem Kloster „ton Hodegona" in Konstantinopel und bedeutet Führerin oder Wegbegleiterin.
Nach byzantinischer Überlieferung soll es sich um eine LukasIkone handeln; es heißt, der Evangelist Lukas habe dieses Motiv schon zu Lebzeiten der Gottesmutter geschaffen, und so gibt es mehrere Ikonen, auf denen Lukas dieses Thema auf einer Staffelei malt.
Mit hoheitsvoller Geste weist die Gottesmutter auf ihr Kind, als wollte sie sagen: „Siehe, das ist mein Sohn, der kommende Messias."
Im Unterschied zu den mütterlichen Darstellungen der Wladimirskaja und anderen, bei denen die Verbindung zwischen Kind und Gottesmutter besonders eng ist, beruht dieses Thema auf vornehmer distanzierter Ehrfurcht. Das Kind hält die Logosrolle als Zeichen des fleischgewordenen Wortes in Händen, ähnlich den antiken Philosophen. Das Christuskind scheint auf dem Arme seiner Mutter zu schweben und wirkt schwerelos.
Seit dem 9. Jh. finden wir dieses Thema in Byzanz. Die Kaiserin Eudokia soll die Urikone von Jerusalem nach Konstantinopel überführt haben.

Rußland, frühes 18. Jh.

Preisklasse DM 35000,– bis DM 50000,–

Gottesmutter vom unverbrennbaren Dornbusch

Es handelt sich bei diesem Thema um ein sehr symbolträchtiges Motiv, welches auf die jungfräuliche Unbeflecktheit Mariä hinweist. Durch die Empfängnis des göttlichen Kindes blieb sie ebenso unversehrt wie der Dornbusch im göttlichen Feuer. Im 2. Buch Moses 3,2-5 wird beschrieben, wie Moses die Schafe hütet und an den Berg Horeb gelangt. Es heißt dann weiter: „Und der Engel des Herrn erschien ihm in einer feurigen Flamme aus dem Busch. Und er sah, daß der Busch mit Feuer brannte, und ward doch nicht verzehret." Außerdem lautet der Text im sogenannten Akathistoshymnos, einem vielstrophigen liturgischen Lied zum Lobpreis der Gottesmutter, welches in der orthodoxen Kirche stehend gesungen wird (bis zu 24 Strophen, der Name *a kathistos* heißt wörtlich „nicht sitzend"):
„So wie der Dornbusch brannte aber nicht verbrannte, hast Du, oh Jungfrau geboren und bliebst Jungfrau." Seit dem 16. Jh. finden wir das Thema in Rußland in Sternform. Später wurde es mit den Nebenszenen und weiteren Figuren bereichert.
In der Mitte sind zwei vierzackige Sterne derart übereinander gelegt, daß sie einen achtstrahligen Stern ergeben. Dieser liegt auf einem Kreis, der wie eine Rose angeordnet ist.
Im Mittelteil finden wir die Gottesmutter mit dem Jesuskind.
Auf ihrer Brust ist die Vision des Hesekiel wiedergegeben, meist auch die sogenannte Jakobsleiter.
In den vier Ecken des ersten Sterns sind Engel mit den Akathistossymbolen wiedergegeben nach Daniel 2, 44, in den Ecken des zweiten Sterns die Symbole der vier Evangelisten: Matthäus = Engel, Markus = Löwe, Lukas = Stier, Johannes = Adler.

In den vier Ecken der Ikone sind vier alttestamentliche Begebenheiten symbolisiert, die als biblische Weissagungen, also Visionen der Jungfräulichkeit Maria, anzusehen sind, und zwar:

oben links	Moses vor dem brennenden Busch, in dem sich Gott ihm auf dem Berge Horeb offenbarte. Nach dem Alten Testament blieb Maria unversehrt, als das Feuer des Logos in ihr brannte. Darauf soll das Motiv „Gottesmutter des Zeichens" hinweisen, welches vom Feuer umgeben ist (2. Buch Moses 3, 2).
oben rechts	wird auf die Berufung des Jesaja mit der Vision des jugendlichen Christus Emanuel hingewiesen, nach Jesaja 6,6.
unten links	sehen wir Hesekiel vor der verschlossenen Pforte, die sogenannte Türvision, nach Hesekiel 4, 1 f.
unten rechts	ist Jakobs Vision von der Himmelsleiter dargestellt. Jakob sieht im Traum die Engel auf der Leiter in den Himmel aufsteigen, nach 1. Buch Moses 28, 11.

Der Titulus am oberen Rand in russisch lautet „Verehrungswürdige Theotokos des nicht verbrennenden Dornbuschs". Die Inschriften am Rand weisen oft mit dem Akathistoshymnos auf die jeweils dargestellte Szene hin.

Den oberen Abschluß bildet meist Gottvater, den unteren oft die „Wurzel Jesse".

Derartige Ikonen dienten gleichzeitig als Schutz gegen Feuer, ähnlich dem hl. Florian im katholischen Bereich. Wegen der ausdrucksvollen farbigen Wiedergabe in glutroten Farben ist dieses Motiv bis heute sehr beliebt.

57 Gottesmutter vom unverbrennbaren Dornbusch

H. 30,5 cm / B. 27,8 cm

Vertieftes Mittelfeld.
Auf dem Rand links Petrus mit dem Schlüssel, auf dem Rand rechts eine orthodoxe Heilige, die nicht identifiziert werden kann.
Es handelt sich um ein rares Sammlerstück.
Der freigelegte Kreidegrund mit Krakelüren weist auf das 17. Jh. hin.

Preisklasse DM 7000,– bis DM 10000,–

58 Gottesmutter vom unverbrennbaren Dornbusch

H. 35,9 cm / B. 31 cm

Auf dieser Ikone sind auf dem Rand noch die alttestamentlichen Propheten im Medaillon wiedergegeben, deren Weissagungen auf die Gottesmutter überliefert sind.

Rußland, 18. Jh.

Preisklasse DM 6000,– bis DM 9000,–

59 Gottesmutter vom unverbrennbaren Dornbusch

H. 36,7 cm / B. 30,1 cm

Auf dem Rand links ein Schutzengel,
auf dem Rand rechts die hl. Tatjana.

Rußland, um 1800.

Preisklasse DM 5000,– bis DM 8000,–

60 Gottesmutter von Kasan (Kasanskaja)

H. 31,2 cm / B. 26 cm

Vertieftes Mittelfeld mit Goldgrund, auf Leinwand gemalt.
Auf dem Rand links orthodoxe Heilige. Nach der Legende soll die Gottesmutter im Jahre 1579 einem neunjährigen Mädchen dreimal im Traum erschienen sein und ihm aufgetragen haben, an einer bestimmten Stelle zu suchen, wo ein Schatz vergraben sei. Das Mädchen fand an der angegebenen Stelle die Ikone und brachte sie in die Kirche.
Ikonen dieses Themas wurden schon im 17. Jh. gegen die Polen als Paladium ins Feld geführt, später auch im Napoleon-Feldzug. Als die Russen in diesem Krieg den Sieg davontrugen, wurde dies der Kasanskaja zugeschrieben. So ist auch zu erklären, daß unter den über 400 verschiedenen Gottesmuttermotiven dieses Themas im 18. und 19. Jh. am häufigsten auf Ikonen anzutreffen ist.
Die Kasanskaja gehört zur Gruppe der Hodegitrientypen. Die Hände der Gottesmutter werden bei diesem Thema nicht dargestellt, wahrend das Kind steht und die Rechte zum orthodoxen Segensgestus erhoben hat; die linke Hand ist im Umhang verborgen.
Die Sterne auf dem Umhang (Maphorion) der Gottesmutter sollen die Unbeflecktheit der Gottesmutter vor der Geburt, während der Geburt und nach der Geburt symbolisieren. Bei diesem Thema ist der dritte Stern durch das Kind verdeckt.

Rußland, um 1800.

Preisklasse DM 3000,– bis DM 5000,–

61 Gottesmutter, Helferin aller Leidenden

H. 35,4 cm / B. 30,2 cm

Vertieftes Mittelfeld auf Goldgrund.
Dieses Thema wird auch „Gottesmutter, aller Bedrängten Freude" genannt. Ikonen dieser Art gelten im Osten als Schutz vor Krankheit und Siechtum und sind relativ häufig anzutreffen.
In der Mitte steht die Gottesmutter, mit oder ohne Kind, in der für Ikonen typischen Überlänge, welche oft durch das Podest (Ambon) unterstrichen wird. In diesem Fall besteht es aus zwei übereinander geordneten Podien, umgeben meist von einem Strahlenkranz (Mandorla). Mit dem Motiv werden folgende Legenden und Gebete der Gläubigen symbolisch wiedergegeben:

Die Nackten werden bekleidet,
die Kranken werden geheilt,
die Lahmen werden gehen,
die Blinden werden sehen,
die ans Bett gefesselten werden aufstehen.

Die vier Gruppen der Leidenden sind meist so dargestellt, daß oben links die Armen als Halbnackte symbolisiert sind, die ein Engel bekleidet,

oben rechts die Gruppe der Blinden, von einem Engel geführt, im unteren Teil erkennt man die Kranken und Gebrechlichen mit ihren Krückstöcken usw.

In den oberen Ecken sind oft Sonne und Mond auf einer Wolkenbank anzutreffen, als mittlerer Abschluß meist Christus Pantokrator auf der Wolkenbank.

Die Thematik ist aus liturgischen Texten und Hymnen abzuleiten.

Auf dem äußeren Rand dieser Ikone

links oben hl Johannes Milostij,

links unten hl. Feoktista,

rechts oben hl. Johannes Rilskij,

rechts unten hl. Eudokia,

oben Titulus in kirchenslawischer Sprache „Bildnis der allheiligen Gottesmutter, aller Bedrängten Freude".

Rußland, 18. Jh.

Preisklasse DM 9000,– bis DM 12000,–

62 Gottesmutter, Helferin aller Leidenden

H. 31,3 cm / B. 27,6 cm

Vertieftes Mittelfeld auf Goldgrund.
Beschreibung s. Nr. 32

Rußland, 18. Jh.

Preisklasse DM 4000,– bis DM 6000,–

63 Gottesmutter Theodorowskaja (Feodorowskaja)

H. 35,7 cm / B. 30,4 cm

Vertieftes Mittelfeld auf Goldgrund.
Links auf dem Rand Schutzengel,
rechts: hl. Alexander

Rußland, 19. Jh.

Preisklasse DM 5000,– bis DM 7000,–

64 Gottesmutter Theodorowskaja (Feodorowskaja)

H. 36,1 cm / B. 31 cm

Vertieftes Mittelfeld auf Goldgrund.
Auf dem Rande links und rechts vier orthodoxe Heilige, darunter rechts oben hl. Grigorios. Die obere Beschriftung MP - y in Zierschrift bedeutet „Muttergottes" (jeweils anfangs- und Endbuchstaben.

Rußland, 18. Jh.

Preisklasse DM 7000,– bis DM 10000,–

Nach der Legende erschien die Theodorowskaja im Jahre 1239 dem Fürsten Vasilij von Kostroma (das Thema wird deshalb auch „Kostromskaja" genannt).
Der heilige Theodor (russ .: Feodor) soll die Urikone im 13. Jh. nach Kostroma überführt haben.
Neben anderen Wundertaten wird der Ikone auch der Schutz vor dem Einfall der Tataren nachgesagt.
Später wurde dieses Thema, welches eine Variante der Gottesmutter von Wladimir darstellt, im 17. Jh. besonders verehrt und verbreitet.
Die Theodorowskaja hat am 14. März ihren Ehrentag.
Die Wladimirskaja und Theodorowskaja unterscheiden sich insbesondere dadurch, daß das Kind bei den beiden vorliegenden Motiven beide Füße nach unten gerichtet hat, so daß die Fußsohlen nicht sichtbar sind.
Die Beliebtheit beider Themen ist wohl besonders auf die enge Verbindung von Mutter und Kind – Wange an Wange – zurückzuführen. Sie gehören beide der Gruppe der Eleousa – russ. Umilenie – an, der sogenannten Gottesmutter der Warmherzigkeit. Sie soll schon von dem Evangelisten Lukas gemalt worden sein. Man spricht daher von einem sogenannten Lukasbild.

65 Gottesmutter Pelagonitissa

(russ. Ikilimskaja)

H. 31,7 cm / B. 26,8 cm

Die Ikone kann als äußerst rares Sammlerstück eingestuft werden. Der Name Pelagonitissa kommt aus dem Griechischen und bedeutet Meer. Die „Gottesmutter vom Meer" hat ihr Haupt dem Kinde zugeneigt und weist im Hodegitrien-Gestus auf den kommenden Messias hin. Mit der rechten Hand hält sie das Kind fest.
Das seltene Thema hat darin seine Besonderheit, daß Mutter und Kind entgegengesetzt Wange an Wange geneigt sind. Das Kind berührt mit der rechten Hand das Gesicht der Gottesmutter, der linke Arm ist nach unten abgewinkelt.
Es handelt sich um ein spätbyzantinisches Motiv, welches schon im 14. Jh. nachgewiesen werden kann. Eine Ikone dieses Themas hängt im Museum von Skopje in Jugoslawien.

Zentralrußland, frühes 17. Jh. — Preisklasse DM 20000,– bis DM 25000,–

66 Lindere Mutter meinen Kummer

Doppelseitige Prozessionsikone

H. 38,5 cm / B. 26,9 cm

Farbige Malweise auf Goldgrund.
Standarten- oder Prozessions-Ikonen sind im allgemeinen doppelseitig mit Motiven versehen, in diesem Falle ausnahmsweise nur einseitig. Die Beschriftung weist auf eine seltene Sammlerqualität hin.
Das Thema ist wahrscheinlich erst im 17. Jh. entstanden und nur in Rußland bzw. Serbien anzutreffen. Bei diesem Motiv liegt das Christuskind schräg über dem Herzen der Gottesmutter und hält in beiden Händen eine Schriftrolle, welche meist die Inschrift trägt: „Urteilt ein gerechtes Gericht, wirkt Gnade und Erbarmen". Die Gottesmutter hat ihr Haupt leicht dem Kinde zugeneigt und ihre rechte Hand an die Schläfe gelegt. Diese Geste ist typisch für das vorliegende Thema. Der russische Volksmund sagt, sie wische sich eine Träne aus dem Auge.

Rußland, um 1800.

Preisklasse DM 9000,– bis DM 12000,–

H. 31,2 cm / B. 26,4 cm

Auf dem vertieften Mittelfeld werden zwei Geschehnisse in besonders feiner Malweise wiedergegeben:
Im oberen Teil das sogenannte Schleierwunder, welches auf eine Vision des Andreas, des sogenannten „Narr in Christo" in der Blachernen Kirche in Konstantinopel zurückgeht.
Der Narr Andreas steht im unteren Teil und weist mit der ausgestreckten Rechten auf dieses Wunder hin. Er starb um 936. Umgeben von vielen Heiligen breitet die Gottesmutter ihr Maphorion als Schutztuch über die Gemeinde aus.

Links vor ihr stehen Apostel und Heilige, angeführt von Johannes dem Vorläufer, rechts die Propheten, ferner der Narr Andreas, begleitet von seinem Diener Epiphanias.
Andreas soll seinerzeit als Diener an der Kathedrale Hagia Sophia tätig gewesen sein. Hierbei habe er als junger Kleriker anläßlich der Christabendmesse eine Hymne gesungen.
Dasselbe Ereignis wird auch dem Sänger Romanos nachgesagt, der zunächst nicht singen konnte und dem in der Nacht zuvor die Gottesmutter im Traum erschienen sein soll und ihm durch Überreichen einer Schriftrolle, welche ihm in den Mund gegeben wurde, die Fähigkeit gab zu singen. Diese Episode sehen wir im rechten unteren Teil der Ikone dargestellt. Romanos steht in der Mitte der unteren Darstellung und trägt vor Kaiser Leo und dessen Gemahlin Theophanu, begleitet von Patriarchen, seinen Hymnus vor.
Beide Ereignisse werden in der Ostkirche am 1. Oktober gefeiert. Deshalb sind sie auch meist gemeinsam auf derselben Ikone wiedergegeben.
Den oberen Abschluß dieser ausdrucksvollen Ikone bildet das Mandylion (das nicht von Menschenhand geschaffene Antlitz Christi).

Rußland, um 1700.

Preisklasse DM 7000,– bis DM 10000,–

68 Gottesmutter Pokrov (Schleierwunder)

H. 35,5 cm / B. 30,5 cm

Auf Goldgrund.
Beschreibung des Themas s. Nr. 67.

Südrußland, 19. Jh.

Preisklasse DM 5000,– bis DM 8000,–

69 Gottesmutter lebenspendender Brunnen

H. 35,3 cm / B. 30,8 cm

Vertieftes Mittelfeld auf Goldgrund.
Dieses interessante und gesuchte Thema stellt anschaulich die Heilung der Kranken dar. Es geht zurück auf die Beschreibung im Malerhandbuch vom Berge Athos, Kap. 397, wo die Szene wie folgt geschildert wird:
„Ein Brunnen (Kelch), die Gottesgebärerin in der Mitte, vor ihr Christus, nach beiden Seiten segnend, zwei Engel (zur Rechten und zur Linken).

Unter dem Brunnen ist ein Behälter mit Wasser und Fischen. An seinen beiden Seiten sind Patriarchen, Könige und Königinnen, Fürsten und Fürstinnen, sie waschen sich und trinken Wasser aus Gefäßen und Bechern. Andere, welche krank und an Händen und Füßen gelähmt sind, machen es ebenso, ein Priester segnet sie mit dem Kreuz, und vor ihnen wird ein Besessener gebunden. Ein Schiffshauptmann gießt Wasser über den von den Toten auferweckten Thessalonier."
Nach der Legende hatte zur Zeit Kaiser Leos I. (457-474) das Wasser der Quelle von Balikli als Wallfahrtsheiligtum eine besondere Wunderwirkung und Heilkraft. Der Brunnen am Rande Konstantinopels innerhalb der Festung Yedikule ist noch heute zu besichtigen.
Die Urikone wurde 1727 im dortigen Kloster aufgefunden.

Zentralrußland, Anfang 19. Jh.

Preisklasse DM 8000,– bis DM 12000,–

70 Gottesmutter des Zeichens

H. 50 cm / B. 39,6 cm

Diese in Rußland besonders beliebte Thematik hat auch die Bezeichnungen „Znamenie" (russ.: Zeichen und griech.) „Blachernoissa". Sie geht zurück auf das Bibelwort von Jes. 7, V. 14: „Darum wird euch der Herr selbst ein Zeichen geben; siehe, die Jungfrau wird empfangen und einen Sohn gebären, den wird sie heißen,Emanuel'." Der Legende nach soll dieses Bild im Jahr 1170 den in Nowgorod Eingeschlossenen im Kampf gegen die Suzdaler geholfen haben.
Die Gottesmutter des Zeichens ist Schutzpatronin Nowgorods.
Es handelt sich um eines der wenigen frontalen Gottesmutter-Themen, wobei diese in der oranten, betenden Haltung dargestellt wird, die auf die antike Gebärde aus der frühchristlichen Zeit zurückgeführt werden kann. Hierbei soll Maria symbolisch den Körper der christlichen Kirche darstellen, während der jugendliche Christus an ihrem Herzen die Gebärende symbolisiert. In der Blachernoissa-Kirche zu Konstantinopel wird der Umhang der Gottesmutter als Reliquie aufbewahrt.
Das Thema stammt vermutlich schon aus dem 9. Jh.
Südrußland, 2. Hälfte 18. Jh.
Die feine Goldpunzierung deutet auf eine Entstehung im südrussischen Balkan-Raum, vielleicht durch Wandermönche.

Preisgruppe DM 4000,– bis DM 7000,–

71 Dreihändige Gottesmutter

(griech.: Tricherousa)

H. 35,5 cm / B. 29 cm

Vertieftes Mittelfeld mit Goldgrund.
Für dieses Thema gibt es verschiedene Entstehungslegenden. Die bekannteste hängt mit dem Kloster Chilandar auf dem Berg Athos zusammen, wo sich auch heute noch die Urikone befindet.
Der byzantinische Kaiser Leo III. (717-741) soll Johannes von Damaskus (650 bis etwa 750) durch einen gefälschten Brief des Hochverrats bezichtigt haben. Er ließ ihm die rechte Hand abschlagen.
Johannes soll vor einer Gottesmutter-Ikone gebetet haben, daß er seine Hand zurückerhalte, um die Bilderfeinde besiegen zu können. Die Gottesmutter erfüllte diesen Wunsch; die abgeschlagene Hand wuchs wieder an. Daraufhin soll Johannes der Ikone eine silberne dritte Hand gestiftet haben. Im 14. Jh. habe ein Maulesel die Ikone auf den Berg Athos gebracht, wo er vor dem Tor des serbischen Klosters Chilandar zusammengebrochen sei.

So ist von den vielen Gottesmutter-Ikonen dieses Thema das einzige, welches Maria mit einer dritten Hand zeigt. Zunächst wurde die Hand weiterhin in Silber zusätzlich angebracht, später aber in das Thema miteinbezogen.
Nach einer anderen Legende soll der serbische König Urosch im 14. Jh. die Ikone auf einem Esel ins Feldlager mitgenommen haben. Das Tier soll dann selbständig die Ikone ins Kloster Chilandar gebracht haben.
In einer alten Kapelle des Chilandar-Klosters findet man die Inschrift, daß diese Ikone dreimal im Stuhl des Abtes gefunden worden sei, so daß man seit dieser Zeit keinen Abt mehr wählt, sondern die Ikone als Vorstand des Klosters betrachtet. Sie befindet sich noch heute neben dem Abtsthron in der Klosterkirche.
Das Thema gilt bis in die heutige Zeit als Helferin für unfruchtbare Frauen.
Auf dem Rande links ist ein Schutzengel dargestellt, auf dem Rande rechts eine orthodoxe Heilige.

Rußland, 18. Jh.

Preisklasse DM 6000,– bis DM 9000,–

72 Gottesmutter der Schmerzen

H. 20,8 cm (mit Kasten), 17,9 cm (ohne Kasten)
B. 13,6 cm (mit Kasten), 11,5 cm (ohne Kasten)

Bei diesem außergewöhnlichen Thema wird die Gottesmutter frontal ohne Kind dargestellt. Hierbei sind sieben Schwerter auf ihr Herz gerichtet, und zwar drei Schwerter rechts, drei Schwerter links und ein siebtes Schwert von unten. Dies kann gleichsam als Symbol für die Wundmale Christi gedeutet werden.
Ähnliche Motive findet man auch im katholischen Bereich, z. B. in Süddeutschland.

Rußland, 18. Jh., Goldrahmen und Glaskasten später.

Preisklasse DM 8000,– bis DM 10000,–

Derartige Ikonen sind durch Aufbewahrung im Glaskasten mit Goldrahmen besonders gut erhalten.

73 Gottesmutter
Klosterikone

H. 50,6 cm / B. 42,6 cm

Die Darstellung entstammt höchstwahrscheinlich einer Deesis-Gruppe. Sie weist eine besonders hohe Malqualität auf, welche sich sowohl im Gesichtsausdruck wie auch bei den Ornamenten des Umhangs zeigt. Die drei Sterne auf dem Maphorion sollen die Jungfräulichkeit vor, während und nach der Geburt symbolisieren.
Auf dem Rand oben links ist der hl. Simeon dargestellt, auf dem Rand rechts der hl. Basileios.
Unten links und rechts erkennen wir auf dem Rand die hl. Agatha, jeweils seitenverkehrt dargestellt. Es ist eine ausgesprochene Rarität, daß dieselbe Heilige zweimal seitenverkehrt auf einer Ikone wiedergegeben wird.
Oben links und rechts im Medaillon die Zierschrift als Abkürzung für MP - Y = MATER-THEOY (Muttergottes).

Rußland, 1. Hälfte 18. Jh.

Preisklasse DM 15000,– bis DM 25000,–

74 Mandylion
(Das nicht von Menschenhand geschaffene Antlitz Christi)

H. 29,7 cm / B. 24,8 cm

Doppelt vertieftes Mittelfeld.

Neben den Berichten über das Aussehen Christi sind seit dem 6. Jh. verschiedene sogenannte archairopoietische, d. h. nicht mit den Händen gemalte, Bilder überliefert, die als authentisch gelten können. Als bekanntestes der überlieferten Christusdarstellungen gilt dasjenige von Edessa in Kleinarmenien. Dies ist in der Abgarlegende niedergelegt. Danach schickte Christus dem Fürsten auf seine Bitte hin ein Bild von sich, das dadurch entstand, daß Christus sein Antlitz in ein Leinentuch drückte, welches seine Gesichtszüge wiedergab. Dadurch soll die Stadt Edessa anläßlich der Belagerung durch die Perser im Jahre 544 gerettet worden sein.
Die Ikone wurde 400 Jahre später feierlich nach Konstantinopel überführt und 1204 bei der Plünderung als Beute verschleppt.
Bei diesem Thema sind Hals und Schulteransatz nicht gemalt. Dadurch wird die Ausstrahlungskraft des Antlitzes gesteigert. Die auf den Betrachter gerichteten Augen üben gleichsam hypnotische Wirkung aus. Die lange schmale Nase und der kleine Mund unterstreichen diesen Eindruck.
Im Bilderstreit spielte diese Wiedergabe eine große Rolle, da die Bilderstürmer der Meinung waren, Gottvater und Christus dürften nicht abgebildet werden, während die Bilderverehrer dieses bejahten. Das Thema wurde schließlich erlaubt.
Im westlichen Bereich spricht man von dem „Schweißtuch der Veronika“ (griechisch: veron eikon = das wahre Antlitz des Herrn). Es ist umstritten, ob das Mandylion mit dem Turiner Grabtuch gleichgesetzt werden kann.

Schule des Simon Ušakow (1626-1686).
Rußland, 17. Jh.
Die Ušakow-Schule ist aus den Zarenwerkstätten hervorgegangen.

Preisklasse DM 15000,– bis DM 25000,–

75 Christus Pantokrator (Weltenherrscher)

H. 35,9 cm / B. 30,6 cm

Vertieftes Mittelfeld mit Goldgrund.
Die russische Bezeichnung dieses beliebten Themas lautet: Wsedershitel = Allherrscher, wie es auch auf der Ikone rechts und links des Halsansatzes aufgezeichnet ist. In dem Heiligenschein finden wir die drei griechischen Buchstaben όωH = der Seiende, ebenso die Abkürzung rechts und links des Hauptes IC XC = Jesos Christos.
Das Wort Pantokrator kommt aus dem Griechischen und bedeutet „Allherrscher oder Weltenherrscher" (pantos krateo). Es handelt sich um ein Grundthema der orthodoxen Ikonographie. Der Volksmund sagt von diesem Motiv: „Er schaut den Sünder grimmig an und den weniger Sündigen freundlich."
Die Bibelsprüche wechseln jeweils, und man findet folgende Varianten: „Kommet her zu mir alle, die ihr mühselig und beladen seid ..." (Matth. 11, 28)
„Mein Reich ist nicht von dieser Welt, wenn mein Reich von dieser Welt wäre ..." (Joh. 18, 36)
„Nehmet und esset, das ist mein Leib, der für euch hingegeben wurde zur Vergebung der Sünden . . ." (Lukas 22, 29). Die Ikonographie kennt verschiedene Abänderungen des Themas, die nach Besonderheiten benannt sind, z. B. „Erlöser mit dem zornigen Auge" oder „Erlöser mit dem nassen Bart", weil bei diesem Thema die Bartspitzen so auslaufen, als wäre Christus gerade dem Wasser entstiegen.
Rußland, 18. Jh.

Preisklasse DM 4000,— bis DM 7000,—

76 Erweiterte Deesis (Spas Soloveckij)

H. 29,4 cm / B. 25,6 cm

Vertieftes Mittelfeld.
Der Name Deesis entstammt dem Griechischen und kann mit Fürbitte übersetzt werden.
In der Mitte Christus Pantokrator auf seinem Thron, rechts und links von ihm die Gottesmutter und Johannes der Vorläufer in bittender Haltung sollen daran erinnern, daß die beiden Christus um Gnade bitten für die Sünden der Menschheit. Hierbei symbolisiert Maria die Kirche und das Neue Testament, während Johannes der Vorläufer das Alte Testament und die Synagoge symbolisch vertritt. Dazwischen werden die beiden Erzengel Gabriel und Michael wiedergegeben.
In der Ikonenwand der Ostkirche ist die Deesis meist der Mittelpunkt.

Oft tragen die Gottesmutter und Johannes der Vorläufer Schriftrollen mit den Texten: „Herr des Himmels, nimm auf jeden Menschen, der rühmt und ruft . . ." und: „Tut Buße, euch kommt näher . . ." oder „Allbarmherzigster Herrscher und Herr Jesus Christus . . ."
Außerdem hält Maria oft die Schriftrolle „Himmlischer König, empfange ..." und Johannes „Das ist das Lamm Gottes, das die Sünden trägt ..."
In der vorliegenden Form mit orthodoxen Heiligen in der oberen Reihe und weiteren Heiligen zu Füßen Christi spricht man von der erweiterten Deesis. Hierbei sind in der obersten Reihe häufig Johannes, Petrus, Paulus und Nikolaus aufgezeichnet. Zu Füßen Christi knien meist die beiden Heiligen Zosima und Savatij. Sie sind die Gründer des berühmten Klosters Solowezk „am weißen See". Der hl. Zosima (Sossima) starb 1478, der hl. Savatij (Servatij) 1435.

Rußland, 1. Hälfte 18. Jh.

Preisklasse DM 4000,– bis DM 7000,–

77 Mehrteilige Ikone

H. 30,5 cm / B. 26,6 cm

In der Mitte finden wir die Deesisgruppe, Christus Pantokrator auf seinem Thron, rechts und links von ihm die Gottesmutter und Johannes der Vorläufer sowie die beiden Erzengel Gabriel und Michael, darüber Gottvater im roten Viereck, umgeben von Engeln und Heiligen.
Die sechs Medaillons im oberen Teil sollen die Erschaffung der Welt in sechs Tagen symbolisieren.
Die weiteren sechs Szenen stellen in ausführlicher Form folgende Geschehnisse dar: Links von oben nach unten: Höllenfahrt Christi mit Adam und Eva, Enthauptung des Johannes, Abendmahl.
Rechts von oben nach unten: Synaxis der Engel, Verkündigung an Maria, Kreuzigung Christi.
Im unteren Teil des Mittelfeldes wird die Verführung der Eva durch die Schlange und die Vertreibung aus dem Paradies wiedergegeben, rechts und links von dieser Darstellung und darunter eine Versammlung der Heiligen.
In den vier Ecken finden wir die Evangelisten Matthäus, Markus, Lukas und Johannes mit der Bibel in Händen.
In den äußeren Feldern weitere 20 Heilige, jeweils zwei und zwei dargestellt, zum Innenteil gewendet.
Die äußerst seltene Thematik in feiner Lupenarbeit kann der Palecher Schule zugeordnet werden.

Rußland, 2. Hälfte 18. Jh.

Preisklasse DM 25000,– bis DM 35000,–

78 Hl. Sophia (Die Göttliche Weisheit)

H. 35 cm / B. 31,3 cm

Vertieftes Mittelfeld auf Goldgrund.
Das Thema ist auf Ikonen nur selten anzutreffen und geht zurück auf das Alte Testament. (Sprüche Salomons VIII, 1 f.) Auf einem ornamentierten Thron sitzt die „Göttliche Weisheit" als Personifizierung Jesu (Logos mit Krone und Szepter) im Ornat eines byzantinischen Kaisers. Sie wird verehrt zu ihrer Rechten von der Gottesmutter mit ihrem Sohn Emanuel im Rundschild und zu ihrer Linken von Johannes dem Vorläufer (Täufer), beide stehend in Deesishaltung, fürbittend für die Sünden der Menschheit. Hierbei symbolisiert die Gottesmutter das Neue Testament und Johannes der Vorläufer das Alte Testament. Das Motiv ist im 15. Jh.unter dem Einfluß mystischer theologischer Strömungen entstanden.
Über der Göttlichen Weisheit ist Christus als Pantokrator wiedergegeben, mit beiden Händen den Segen spendend, darüber sechs Engel mit dem bereiteten Thron in der Mitte. Den oberen Abschluß bildet Gottvater in Segenshaltung.
Auf dem Rand links der hl. Dimitrios, auf dem Rand rechts die hl. Maria von Ägypten.

Rußland, 18. Jh.

Preisklasse DM 9000,– bis DM 12000,–

79 Christus Emanuel

H. 31 cm / B. 26,5 cm

Vertieftes Mittelfeld.
Das Thema geht zurück auf die Bibelstelle Matth. 1, 23, und Jesaias 7, 14, wo es heißt:
„Darum wird der Allmächtige selbst ein Zeichen geben; siehe, die Jungfrau wird empfangen und einen Sohn gebaren und Ihn Emanuel nennen…"
Die Ostkirche versteht unter Emanuel (auch Immanuel genannt) den Ewigen vor seiner irdischen Geburt präexistenten Christus (Logos).
Hierbei wird der jugendliche Christus mit vollem rundem Gesicht und meist mit blonden Haaren dargestellt.
Seine Gesichtszüge sind entrückt und nicht von dieser Welt, wie er bei dem Motiv „Gottesmutter des Zeichens" als Kind im Mutterleib wiedergegeben wird.
Aus dem Znamenie-Thema wurde später ein selbständiges Ikonen-Motiv in der üblichen frontalen ikonographischen Wiedergabe (s. Nr. 44, Gottesmutter des Zeichens).
Es handelt sich um ein gesuchtes Sammlerthema, welches in Rußland seit der Jahrtausendwende bekannt, aber nicht sehr häufig verwendet wurde.
Das blaue Obergewand (Hinweis als Mensch) und das rote Untergewand (als Gottessohn) entsprechen der Malertradition der Mönche.

Rußland, um 1700.

Preisklasse DM 9000,– bis 12000,–

80 Weine nicht, Mutter

H. 32 cm / B. 27 cm

Vertieftes Mittelfeld.
Auf dem Rand links hl. Nikolaus und hl. Paraskeva, auf dem Rande rechts hl. Alexis und hl. Barbara.
Im Sarg sitzend ist Christus dargestellt, mit geschlossenen Augen und vor dem Körper übereinandergelegten Händen. Links hinter ihm stützt ihn die Gottesmutter mit der rechten Hand und legt ihren Kopf an die Schläfe ihres Sohnes.
Das Thema wiederholt das auch im Westen sehr bekannte Pietà-Motiv und symbolisiert damit die letzte Nacht auf Golgatha. Hier führt Christus einen letzten Dialog mit seiner Mutter, welcher mit den Worten endet: „Weine nicht, Mutter," so entstand der Name.

Rußland, um 1700.

Preisklasse DM 10000,– bis DM 15000,–

81 a + b Doppelseitige Prozessions- oder Standartenikone

H. 43,9 cm / B. 36,5 cm

Doppelseitige Prozessionsikonen sind heute nur noch selten anzutreffen. Sie wurden sowohl bei Prozessionen mitgeführt, als auch den Truppen im Kampf vorangetragen.
Auf der einen Seite dieser ausdrucksvollen Ikone ist das Thema Mandylion wiedergegeben. Das Tuch mit feiner Ornamentierung wird von zwei Engeln gehalten. (Eine nähere Beschreibung dieses Themas ist unter Nr. 65 gegeben.)
Auf der anderen Seite sind vier Märtyrer wiedergegeben, kenntlich an ihrem Kreuz, das sie in Händen halten. Zweiter von links ein Kriegerheiliger.
Den oberen Abschluß bildet Christus Pantokrator im Medaillon auf einer Wolkenbank.
Auch diese Seite weist eine außergewöhnliche Malqualität auf vertieftem Mittelfeld mit Goldgrund auf.

Rußland, 18. Jh.

Preisklasse DM 16000,– bis DM 20000,–

82 Kleines Triptychon

H. 20,7 cm / B. 29,6 cm geöffnet

Farbige Darstellung auf Goldgrund.
Gottesmutter Hodegitria in der Mitte,
auf dem Flügel links: hl. Nikolaus und hl. Georg, Kampf mit dem Drachen,
rechts: hl. Charalampios, hl. Dimitrios besiegt den Türkenkönig.

Griechenland, 18. Jh.

Preisklasse DM 15000,– bis DM 20000,–

83 a + b Großes Triptychon

H. 42,4 cm / B. 51 cm (geöffnet)

Farbige Darstellung auf Goldgrund.
In der Mitte: Christi Geburt mit Übergabe der Geschenke im rechten Teil. Die übliche Waschung des Kindes fehlt bei dieser Darstellung, ebenso wird Josef (unten links) an einem Pult lesend dargestellt, oben Verkündigung.
Auf dem Seitenflügel links: orthodoxer Heiliger, rechts: hl. Nikolaus, Rückseite links: Kampf des hl. Georg mit dem Drachen, rechts: hl. Dimitrios besiegt den Türkenkönig, darüber jeweils ein Seraphim.

Griechenland, um 1800.

Triptychen dieser Art gibt es in Rußland und Griechenland.
Heute sind sie auf dem Markt nur selten zu finden.

Preisklasse DM 20000,– bis DM 30000,–

84 Viergeteilte Ikone

H. 31,1 cm / B. 26 cm

Außergewöhnliche Malqualität in Lupenarbeit auf vertieftem Mittelfeld mit Goldgrund, seltenes Sammlerstück.
Oben links: „Über dich, o Gnadenreiche, freuet sich jegliches Geschöpf." Der Titel entstammt einem Gebet aus der Basilius-Liturgie. Um den Thron der Gottesmutter mit Kind haben sich 13 Heilige versammelt; hinter ihr die Kathedrale als Symbol zum Lobpreis der Kirche.
Oben rechts: Schleierwunder und Sänger Romanos.
Unten links: „Lebenspendender Brunnen".
Unten rechts: Synaxis der Engel.
In der Mitte Siebenschläfer.
Den oberen Abschluß bildet die Gottesmutter Hodegitria. Wahrend im allgemeinen viergeteilte Ikonen als Auftragsarbeit häufig gezeigte Themen zusammenfassen, sind in diesem Falle besonders seltene Themen aufgezeichnet, dies bezieht sich insbesondere auf die Motive „Über dich freuet sich jegliches Geschöpf" und „Synaxis (Versammlung) der Engel".

Rußland, 18. Jh.

Preisklasse DM 12000,– bis DM 15000,–

85 Viergeteilte Ikone

H. 31,6 cm / B. 27,1 cm

Farbige Darstellung auf Goldgrund.	
Oben links:	Weine nicht Mutter,
oben rechts:	Gekrönte Gottesmutter mit stehendem Kind,
unten links:	Gottesmutter Hodegitria,
unten rechts:	Gottesmutter, Unerwartete Freude,
mitte:	Mandylion.

Rußland, 2. Hälfte 18. Jh.

Preisklasse DM 4000,– bis DM 6000,–

86 Viergeteilte Ikone

H. 33,9 cm / B. 28,3 cm

Vertieftes Mittelfeld.
Oben links: Verklärung Christi auf dem Berge Tabor,
oben rechts: Entschlafen der Gottesmutter (Koimesis),
unten links: Kreuzerhöhung,
unten rechts: Verehrung der Gottesmutter (Wladimirskaja) mit sechs orthodoxen Heiligen.

Nordrußland, 17. Jh.

Preisklasse DM 8000,– bis DM 12000,–

87 Viergeteilte Ikone

H. 35,7 cm / B. 31,5 cm

In der oberen Reihe werden drei Geburtsszenen wiedergegeben, und zwar von links: Mariä Geburt, Christi Geburt und Geburt Johannes des Vorläufers.
Die Szenen werden in der traditionellen Form dargestellt und sind dadurch besonders interessant, da die gleiche Behandlung der Geburtsthemen hierbei veranschaulicht wird, d. h. im allgemeinen wird die Gebärende auf einer Kline sitzend wiedergegeben; nur bei Christi Geburt finden wir das Kind in der Krippe, wie dies auch im Westen üblich ist.
Zu Geburtsdarstellungen gehören jeweils die Waschung des Kindes durch die Hebamme und die Übergabe der Geschenke. Im unteren Teil erscheint in der Mitte der Erzengel Michael, rechts und links sind folgende Heilige wiedergegeben, links beginnend,

vordere Reihe: Hl. Maroi, hl. Nikolaus, Apostel Petrus, Apostel Paulus, hl. Antipa, hl. Stephan,

hintere Reihe: Die hll. Samuel, Feodossij, Maria von Ägypten und Großmärtyrerin Barbara.

Über dem Erzengel ist das Mandylion Christi auf einer Wolkenbank dargestellt.

Zentral-/Südrußland kurz nach 1800.

Preisklasse DM 6000,– bis DM 8000,–

88 Viergeteilte Ikone

H. 35,5 cm / B. 30,5 cm

Feine Malweise.
Oben sind die beiden Gottesmuttermotive Hodegitria (links) und Theodorowskaja (rechts) dargestellt,
in der unteren Reihe erkennen wir links den Arztheiligen Pantheleimon und rechts den hl. Sergius, den ersten Abt und Gründer des Klosters Sagorsk;
auf dem Rande links Schutzengel, rechts hl. Maria von Ägypten.

Rußland, um 1800.

Preisklasse DM 5500,– bis DM 8000,–

89 Große Staurothek-Ikone

H. 53,3 cm / B. 43,8 cm

Der Name Staurothek-Ikone ist aus dem Griechischen abgeleitet und hat die Bedeutung „Kreuzbehälter". Schon bei byzantinischen Ikonen findet man entsprechende Reliquienbehälter.

Dies wurde später von der russischen Ikonographie übernommen. Statt der Reliquie wurde ein Bronzekreuz eingefügt, das den Gekreuzigten auf Golgatha zeigt, links Maria Magdalena mit der Gottesmutter, rechts Johannes mit dem Hauptmann Longinus.
Im Hintergrund ist die Stadtmauer von Jerusalem dargestellt, darüber ein Cherub (links) und ein Seraph (rechts), darunter je ein hl. Bischof.
Der obere Querbalken ist wahrscheinlich aus der Schrifttafel (sogenanntes Suppedaneum) entstanden, welche Pilatus auf dem Kreuz anbringen ließ, der untere Schrägbalken aus der Fußbank, auf die sich Christus stützte.
Nach neuerer Deutung kann man den Schrägbalken auch damit begründen, daß der gute Schächer dort gekreuzigt wurde, wo der Balken nach oben weist, wahrend der böse Schächer auf der anderen Seite am Kreuze hing.
Letzten Endes wollte sich der orthodoxe Glaube sicherlich mit dieser besonderen Kreuzesform gegenüber dem Westen abgrenzen.
Durch die beiden Schächer sollte den Gläubigen vor Augen geführt werden, daß es einen Weg der Tugend und einen Weg des Übels gibt.

Zentralrußland, wahrscheinlich Altgläubigenwerkstätte Palech, Anfang 19. Jh.

Preisklasse DM 8000,– bis DM 12000,–

90 Kleine Staurothek-Ikone

mit eingelassenem Triptychon

H. 12 cm / B. 15,2 cm

Im Mittelteil des Triptychons wird die Gottesmutter des Zeichens (Znamenie) dargestellt.
Auf den Seitenflügeln sind die vier orthodoxen Hauptfesttage wiedergegeben:
links: Einzug in Jerusalem,
Darstellung Christi im Tempel;
rechts: Höllenfahrt,
Gottesmutter Pokrov (Schleierwunder).
Den oberen Abschluß bilden die drei Engel am Tische Abrahams, die sogenannte Alttestamentarische Trinität, rechts und links zwei Seraphim, darüber Christus Mandylion. Auf dem Rand sind zwei orthodoxe Heilige, stehend, aufgezeichnet.
Kleine Staurothek-Ikonen dieser Art sind äußerst selten!

Rußland, 18. Jh.

Preisklasse DM 6000,– bis DM 9000,–

91 Tetraptychon

mit farbigen Emaille-Einlagen

H. 17,9 cm / B. 41,3 cm (geöffnet)

Die vierflügelige Bronze-Ikone diente als kleiner Altar und wurde oft auf Reisen mitgeführt.
Auf den vier Flügeln des Tetraptychons sind die folgenden Themen dargestellt, beginnend mit dem geschweiften Kopfstück, dann jeweils Reihe 1 und 2 von links nach rechts beschrieben:

1. Flügel: Christi Geburt mit Maria und Martha, Johannes und Hauptmann Longinus; Mariä Verkündigung und Christi Geburt; Mariä Geburt und Mariä Einführung in den Tempel.
2. Flügel: Die Heilige Dreifaltigkeit (neutestamentliche Form); Christi Darstellung im Tempel und Christi Taufe; Christi Verklärung und Einzug in Jerusalem.
3. Flügel: Die Kreuzerhöhung; Christi Auferstehung (Höllenfahrt) und Christi Himmelfahrt; die Ausgießung des Heiligen Geistes und das Entschlafen Mariä.
4. Flügel: Lobpreis der Gottesmutter; Verehrung der Gottesmutter von Tichwin, zwischen den hl. Alexander Svirskij und Kirill Belozerskij, darunter vier heilige Bischöfe; Verehrung der Gottesmutter von Wladimir zwischen den Narren in Christo Maksim und Vasilij aus Moskau, darunter die vier heiligen Moskauer Metropoliten Petr, Iona, Alexij und Filipp; Verehrung der Gottesmutter von Smolensk zwischen den orthodoxen Heiligen; Antonij und Feodosij vom Kie-

wer Höhlenkloster, darunter vier Heilige; Verehrung der Gottesmutter des Zeichens von Nowgorod zwischen dem hl. Antonij Rimljanin und Erzbischof Leontij von Rostov-Jaroslavskij, darunter drei Heilige und der Schutzengel.

Auf der Rückseite dieses Klappaltars ist nur *ein* Flügel verziert, und zwar die Frontseite im geschlossenen Zustand. In einem reich ornamentierten großen Oval, von Ranken umgeben, finden wir das orthodoxe Kreuz auf Golgatha, im Hintergrund die Stadtkulisse von Jerusalem, rechts der Essigschwamm und links die Lanze. Unter dem Kreuz der Kopf Adams, da nach orthodoxer Auffassung Adam zu Füßen Christi bestattet und durch den Kreuzestod erlöst wurde.
Das abgebildete Tetraptychon ist mit hellblauer, grüner und gelber Emaille eingelegt und stellt eine besonders qualitätsvolle Arbeit dar.

Rußland, 18. Jh.

Preisklasse DM 5000,– bis DM 7000,–

Einfachere Tetraptychen dieser Art werden zwischen DM 800,– und DM 2000,– bewertet.

92 Fünf orthodoxe Kreuze

In der russisch-orthodoxen Kirche ist das Kreuz Christi durchweg mit drei Querbalken wiedergegeben, wobei der untere Balken schräg liegt.

Mittleres Kreuz

H. 34,9 cm / B. 17,6 cm

Näheres über das mittlere Kreuz kann der Abbildung Nr. 73 entnommen werden.
Mit hellblauer/dunkelblauer Emaille-Einlage.

Rußland, um 1800.

Preisklasse DM 1500,— bis DM 3000,—

Links oben: **Orthodoxes Kreuz**

H. 16,6 cm / B. 10,5 cm

Hier wird das Kreuz im oberen Bereich durch zwei Seraphim (sechsflügelige Engel) eingerahmt.

Die Beschriftung der Rückseite ist einem liturgischen Text entnommen:
„Kreuz, Beschützer der ganzen Welt,
Kreuz, Zierde der Kirche,
Kreuz, Macht der Könige,
Kreuz, Bestärkung der Gläubigen,
Kreuz, Ehre der Engel,
Kreuz, Verderben der Teufel."

Rußland, 18. Jh.

Preisklasse DM 1000,– bis DM 2000,–

Links darunter: **Erweitertes Bronzekreuz**

H. 17 cm / B. 11 cm

Das erweiterte Bronzekreuz mit hellblauer, dunkelblauer und grüner Emaille-Einlage zeigt links Maria und Martha, rechts Johannes und den Hauptmann Longinus, jeweils dem Kreuz zugewendet.
Der Hymnus unter den Armen Christi lautet:
„Dein Kreuz verehren wir Gebieter
und deine Auferstehung rühmen wir."
Darüber Sonne und Mond, jeweils beschriftet, die sich nach der Bibel bei der Kreuzigung verfinsterten.
Rechts und links vom Kreuz Essigschwamm und Lanze, beide durch ihre Anfangsbuchstaben bezeichnet.
Unterhalb der Stadtmauer Jerusalems das Wort „Sieg".
Unter dem schräggestellten Fußbrett Christi die Worte:
„Die Schädelstätte wird zum Paradies."
Die untere Höhle mit dem Kopf Adams soll darauf hinweisen, daß er zusammen mit dem Menschengeschlecht durch den Kreuzestod erlöst und zu neuem Leben erweckt wurde.

Rußland, um 1800.

Preisklasse DM 1000,– bis DM 2000,–

Oben rechts: **Holzkreuz**

H. 16,6 cm / B. 7,2 cm

Hier ist ein sehr seltenes holzgeschnitztes Kreuz wiedergegeben, welches die wesentlichsten Merkmale der Bronzekreuze aufweist: Kreuz mit drei Querbalken, Essigschwamm und Lanze, Kopf Adams und Beschriftungen.

Rußland, 18. Jh.

Preisklasse DM 2000,– bis DM 3000,–

Unten rechts: **Großes erweitertes Kreuz**

H. 18,2 cm / B. 10,6 cm

Im oberen Bereich sind die folgenden fünf orthodoxen Hauptfesttage wiedergegeben.
Von links: Einführung in den Tempel,
Einzug in Jerusalem,
Höllenfahrt,
Christi Himmelfahrt,
Alttestamentarische Trinität
(drei Engel am Tische Abrahams).
Rechts und links vom Gekreuzigten die beiden Erzengel Gabriel und Michael.
Den oberen Abschluß bilden vier Seraphim (sechsflügelige Engel).
Die übrigen Darstellungen entsprechen der üblichen Kreuzesform.

Rußland, 18. Jh.

Preisklasse DM 2000,– bis DM 3000,–

93 Vier Bronze-Ikonen

Links: **Gottesmutter von Kasan (Kasanskaja)**

H. 11,1 cm / B. 10 cm

Beschreibung des Themas s. Nr. 33.
Im Unterschied zur rechten Ikone (Verklärung) ist diese Bronze-Ikone aus einem Stück gegossen, mit hellblauer, dunkelblauer und grüner Emaille eingelegt.

Rußland, 19. Jh.

Preisklasse DM 1000,— bis DM 2000,—

Oben Mitte: **Christus, „das gütige Schweigen"**
(blagoe molcanie)

H. 14,5 cm / B. 12,5 cm

Das Thema geht zurück auf Psalm 39, 3 und 141, 3: „Herr, behüte meinen Mund und bewahre meine Lippen."
Außerdem sagt der Prophet Jesaja 42,2: „Er wird nicht schreien und nicht lärmen, noch läßt er auf den Straßen seine Stimme hören", sowie Jesaja 53, 7: „Er wurde mißhandelt, doch er beugte sich. Er öffnet nicht seinen Mund. Wie ein Lamm, das man zur Schlachtbank führt, wie ein Schaf vor dem Scherer verstummt, öffnet er nicht seinen Mund." Mit anderen Worten: Christus hat sein Leiden schweigend ertragen.

In der Mitte dieses Themas ist der Gottessohn als Engel des Jüngsten Gerichts, geflügelt, wiedergegeben, die Hände vor der Brust gekreuzt. Der Nimbus besteht aus zwei übereinanderliegenden Vierecken, wovon sieben Zacken sichtbar sind und drei einen Strahlenkranz bilden. Das Gewand ist mit breitbordigen Ornamenten besetzt.

Um diese Darstellung herum finden wir in 18 Medaillons folgende Darstellungen:

1	**2**	**3**	**4**	**5**
6				**7**
8				**9**
10				**11**
12				**13**
14	**15**	**16**	**17**	**18**

1 Erzengel Michael
2 Muttergottes
3 Jesus Christus
4 Johannes der Täufer
5 Erzengel Gabriel
6 Apostel Petrus
7 Apostel Paulus
8 Basileos der Große
9 Gregonrios von Nazianz
10 Johannes Chrysostomos
11 Heiliger Nikolaus
12 Großmärtyrer Georg
13 Großmärtyrer Demetrios
14 Heiliger Zosima
15 Evangelist Johannes
16 Schutzengel
17 Apostel Andreas
18 Heiliger Savatij

Die Ikone ist mit hellblauer und dunkelblauer Emaille eingelegt.

Rußland, um 1800.

Preisklasse DM 1500,– bis DM 2500,–

Rechts: **Verklärung auf dem Berge Tabor**

H. 11 cm / B. 10 cm

Es handelt sich um eine kleine Bronze-Ikone, die in eine größere mit floralen Randornamenten eingesetzt ist.

Beschreibung des Themas s. unter Nr. 17. In dieser Form selten.

Rußland, 18. Jh.

Preisklasse DM 2000,— bis DM 3000,—

Unten: **Bronzetriptychon**

H. 6,8 cm / B. 17,2 cm (geöffnet)

In der Mitte wird die Deesis dargestellt, Beschreibung s. Nr. 64. Links und rechts sind folgende orthodoxe Heilige aufgeführt:
Philipp, Metropolit, gest. 1569,
Nikolaus, der Wundertäter,
Evangelist Johannes,
Schutzengel,
Hl. Zosima, gest. 1478, und
Hl. Savatij, gest. 1435.
Rückseitig das Kreuz von Golgatha.
Mit blauer Emaille-Einlage.

Rußland, um 1800.

Preisklasse DM 2500,– bis DM 4000,–

Triptychen dieser Art sind heute von Sammlern begehrt und selten geworden.

94 Sechs koptische Silberkreuze

H. 6–10 cm

Silberkreuze dieser Art mußten seit dem 4. Jh. n. Chr. von den Christen im koptischen Bereich um den Hals getragen werden, um entsprechend kenntlich zu sein. Sie sind mit ornamentalen Dekoren verschiedener Art verziert und können mit DM 100,– bis DM 400,– bewertet werden, je nach Dekor und Alter.

18./19. Jahrhundert

Mitte: **Koptisches Segenskreuz**

H. 30,2 cm / B. 12,2 cm

Äthiopien, 19. Jh.

Preisklasse DM 300,– bis DM 1000,–

95 Johannes im Schweigen

(Johannes der Theologe)

H. 31,1 cm / B. 26,2 cm

Mit Messing-Basma.
Der Apostel und Evangelist Johannes gehörte zusammen mit Petrus und Jakobus zum engsten Kreis Christi. Das Evangelium soll er in Ephesus, Kleinasien, niedergeschrieben haben.
So zeigt ihn die Darstellung der Ikone: Die rechte Hand im Schweigegestus an den Lippen, in der Linken die aufgeschlagene Bibel, welche meist die Worte aus Joh. 1, 1, aufführt: „Am Anfang war das Wort, und das Wort war Gott, und Gott war das Wort …" Ein Engel schaut ihm über die Schulter und flüstert ihm die Botschaft des Evangeliums ins Ohr.
Laut biblischem Zeugnis ist Johannes der Sohn des Zebedäus, eines galiläischen Fischers und ein Bruder des Apostels Jakobus des Älteren, eines Vetters Jesu. In meditativer Versenkung ist er im Gebet vertieft, die Weisheitsfalten auf der Stirn verleihen ihm eine besondere Würde.
Die Ikone ist ein außerordentlich ausdrucksvolles Seelenporträt des Apostels.
Außer dem Johannes-Evangelium stammen von ihm drei kanonische Briefe und die Apokalypse. Gegen Ende seines Lebens sei er in Ephesus und später (in der Verbannung) auf der Insel Patmos gewesen. Nach der Überlieferung ist Johannes hochbetagt zwischen den Jahren 90 und 100 gestorben.

Zentralrußland, 18. Jh.

Preisklasse DM 7000,– bis DM 10000,–

96 Johannes der Täufer, stehend

H. 31,2 cm / B. 26,3 cm

Mit Silberbasma (handgefertigt und ziseliert) mit 84er Silberpunze und Meistermarke, besonders feine Arbeit.
Beschreibung s. Nr. 67

Rußland, 19. Jh., Basma datiert 1880.

Preisklasse DM 10000,– bis DM 15000,–

97 Hl. Alexander Newskij

H. 31,1 cm / B. 27,2 cm

Mit Silber-Riza.
Dieser Heilige ist - insbesondere allein - nur selten auf Ikonen anzutreffen. Er war der Sohn des Großfürsten Jaroslaw II. und lebte von 1220-1263. Sein Beiname „Newskij" leitet sich davon her, daß er an der Newa 1240 einen Sieg über die Schweden errang, zwei Jahre später auch in Livland gegen die deutschen Schwertbrüder. 1380 wurde er heilig gesprochen. Erst im 18. Jh. überführte man die Reliquien ins Alexander-Newskij-Kloster im heutigen Leningrad.

Zentralrußland, 18. Jh.
Die Riza ist datiert „1762", Meistermarke I. Z. (wahrscheinlich Iwan Sarodov von Kostroma).

Preisklasse DM 12000,– bis DM 18000,–

98 Heiliger Nikolaus, der Wundertäter

H. 45,5 cm / B. 36,5 cm

Mit handgefertigter Silber-Riza, Silberpunze Meistermarke AB (nach Goldberg „nicht identifizierbarer Meister A. W. 1792"), Beschauzeichen, 1798 datiert, außergewöhnliche Sammlerqualität. Beschreibung s. Nr. 20
Rußland, 18. Jh.

Preisklasse DM 15000,– bis DM 25000,–

99 Orthodoxes Kreuz mit Silberoklad

H. 33 cm / B. 20 cm

Das vorliegende Holzkreuz ist mit einem Silberoklad versehen.
In der vorliegenden Form selten!
Das Kreuz ist unterwärts ausgemalt.
Beschreibung des Kreuzes s. Nr. 73 (Staurothek-Ikone)

Rußland, 18. Jh.

Preisklasse DM 9000,– bis DM 12000,–

100 Heiliger Nil Stolbenskij

H. 26,5 cm / B. 12 cm

Holzplastik, Sammlungsstück.
Nach der Legende soll dieser Heilige im 15. Jh. zunächst in den Wäldern von Rshew, später als Einsiedler auf der Insel Stoleben im Seeliger See (NordruBßland) gelebt haben. Ihm diente als Eremit eine einfache Hütte als Unterkunft. Zum Schlafen soll er sich auf Krücken abgestützt haben.
Nach seinem Tode im Jahre 1554 wurde auf der Insel ein Kloster mit seinen Reliquien erbaut. Dieses wurde zu einem Wallfahrtszentrum, in dem derartige Plastiken als Erinnerung an die Pilgerfahrten angefertigt und an die Pilger abgegeben wurden.
Die Plastik kann als Sammlungsstück eingestuft werden, zumal derartige Holzplastiken nur für ganz wenige Heilige (z.B. auch für den Hl. Nikolaus) von der orthodoxen Kirche erlaubt wurden.

Nordrußland, 19. Jh.

Preisklasse DM 2500,– bis DM 4000,–

Allgemeine Hinweise für den Sammler

In den letzten Jahren hat sich der Kreis der Ikonenliebhaber erheblich erweitert. Die wachsende Nachfrage läßt diese Kultbilder rar werden. Die Ursprungsländer Rußland, Griechenland und die anderen Oststaaten einschließlich Jugoslawien haben die Ausfuhr echter alter Ikonen mit drakonischen Strafen belegt und unterbunden. Deshalb ist es heute schwierig, gute Sammlerstücke zu finden. Ikonenkauf ist Vertrauenssache, wenn auch nur selten Fälschungen bekannt werden (insbesondere griechische). Eine exakte Datierung und Bestimmung des Entstehungsorts hat sich als recht schwierig erwiesen; die Bewertung und Einschätzung einer Ikone erfordert ein geschultes Auge und kunstgeschichtliches Wissen. Deshalb sollte derjenige, der zum Kauf einer Ikone entschlossen ist, sich zunächst einen Überblick über den Markt verschaffen. Dazu bieten sich Gespräche mit Händlern und Sammlern an, die Lektüre einschlägiger Literatur oder der Besuch von Ikonenmuseen und -ausstellungen. Dann sollte man abwägen, welche Form des Erwerbs (auf Auktionen, Kunstmessen oder im Fachhandel) einem am meisten zusagt. Leider übernehmen auch große Auktionshäuser keine Garantie für Echtheit und Herkunft des Kunstgegenstandes. Dies wird aber ein seriöser Händler, der auf Ikonen spezialisiert ist, garantieren.

Datierung

Wie schon angedeutet, fällt es uns heutzutage sehr schwer, endgültige Angaben über Entstehungsort und -zeit von Ikonen zu machen. Selbst der Fachmann muß sich größtenteils mit einer ungefähren Eingrenzung von Zeit und Provenienz begnügen.

Diese Schwierigkeit ist in Sinn und historischem Hintergrund der Ikonenmalerei begründet.

Durch das rigorose Festhalten an den Bildvorschriften ergab sich eine nahezu immer gleichbleibende Behandlung der Themen, und die geringen Wandlungen – hervorgerufen durch Zeitströmungen und abendländische Einflüsse – , die sich gegen das traditionelle Denken durchsetzen konnten, traten vielfach gleichzeitig in allen Malschulen auf. Daher ist es häufig nur schwer möglich, den Herkunftsort zu erkennen. Doch trotz all dieser Schwierigkeiten gibt es einige Anhaltspunkte, nach denen sich eine Datierung vornehmen und der Entstehungsort zumindest annähernd bestimmen läßt. Der wichtigste, aber auch schwierigste Ansatzpunkt ist eine Stilanalyse der Ikone. So paradox es nach dem zuvor Gesagten auch klingen mag; aber gerade aus dem Zwang heraus, streng an die Vorschriften gebunden zu sein und sich keinerlei gestalterische Freiheiten erlauben zu dürfen, entwickelten die Künstler teilweise einen eigenen Stil, der sich allerdings nur in Details äußert, z. B. Pinselstrich, Farbübergang oder in kleinen Schnörkeln im Hintergrund.

An dieser Stelle sei bemerkt, daß es über den Rahmen dieses Kapitels hinausgehen würde,

wollte man die Gesamtheit der Eigenheiten aller Maler aufzeigen. Lediglich einige Orientierungshilfen seien hier gegeben. Während die russischen Ikonen durchweg eine bäuerliche Farbgebung und einen etwa drei Zentimeter breiten Rand aufweisen, bestechen die griechischen Ikonen durch ihre größere Farbigkeit, die auch blau einschließt und die die größere Lebhaftigkeit und Fröhlichkeit der Griechen wiederspiegeln mag.
Etwas leichter fällt uns z.B. die Unterscheidung der verschiedenen Malschulen, wobei wir auch hier wieder auf den künstlerischen Ausdruck achten müssen, nicht auf die – immer gleichbleibende – Thematik. Die Art und Weise, wie ein Thema bearbeitet wurde, verrät uns etwas über die Auffassung der Malschule. Ein anderes Merkmal, das oberflächlichste und somit auch für den Laien leicht erkennbar, ist die Anwendung spezieller Farben; so bevorzugte z. B. die Nowgoroder Schule leuchtend hellrote Farben, auf den Ikonen der Susdaler Schule herrschen die Farben Blau und Silber vor, und die Schule in Pskov zeichnet sich durch ein dunkles Grün aus, das vor allem für die Gewänder verwendet wurde.
Aufgrund der Beschriftung einer Ikone können wir manchmal etwas über die regionale Zugehörigkeit des Malers erfahren; lokale Eigenheiten oder Dialektausdrücke sowie die Unterscheidung zwischen Hochsprache und Kirchen-slawisch liefern uns eine weitere Eingrenzungsmöglichkeit.
Eine andere Art, den Entstehungszeitpunkt zumindest auf eine untere Grenze festzulegen, liegt in der Kenntnis der Lebensdaten der dargestellten Heiligen. Es ist einleuchtend, daß eine Person nicht vor ihrer Existenz bzw. ein Heiliger nicht vor seiner Kanonisierung gemalt werden konnte. Das gleiche gilt natürlich auch für historische Fakten oder Ereignisse sowie für das Bekanntwerden von Wundern, wie z. B. bei der Ikone der später oft gemalten Gottesmutter von Kazan: Der Entstehungszeitpunkt für Ikonen dieses Themas kann frühestens auf 1579 gelegt werden.
Eine Faustregel zur Datierung von Ikonen sollte beachtet werden: Eine exakte Angabe kann oft nur anhand des Originals erfolgen; Abbildungen, seien sie auch noch so genau, sind meist ungenügend. Dies aus folgendem Grund: Zur Beurteilung einer Ikone muß nicht nur die Vorderseite begutachtet werden, sondern auch die Rückseite. So kann z. B. das Holz weiteren Aufschluß geben über Entstehungsort und -zeit. Berücksichtigt wird zum einen die Holzart. Bekanntlich verwendeten die Mönche zum Bemalen alle Holzarten, sofern sie nicht harzhaltig waren. Kennt man die Holzart, so wird auch eine lokale Einordnung – oder zumindest ein Ausschließen von Regionen – möglich. Es ist anzunehmen, daß die Mönche die Hölzer verwendeten, die in ihrer Gegend wuchsen, also keine für ihre Region unüblichen Arten.
Einen weiteren Anhaltspunkt liefern die Querleisten eines Bildes (russisch Sponki). Im allgemeinen besitzen Ikonen auf der Rückseite zwei Leisten, die ein späteres Spalten oder Verziehen des Holzes verhindern sollten. Die Querleisten sind entweder auf der Rückseite im oberen und unteren Teil von links und rechts mit Nute eingeschoben oder am oberen bzw. unteren Rand der Ikone eingelassen. An

der Art, wie die Querhölzer eingefügt wurden, kann man wiederum auf die eine oder andere Malschule schließen.
Bei einigen Ikonen sind auf der Rückseite Widmungen vermerkt, die Daten und Ortsnamen enthalten können. Auf diese Beschriftungen ist allerdings nur bedingt Verlaß, da sie häufig zu einem späteren Zeitpunkt vorgenommen wurden. Wir können hier wiederum lediglich auf ein Mindestalter schließen.

Fälschungen

Wie bei allen Kunstgegenständen ist auch bei Ikonen bezüglich Fälschungen Vorsicht geboten. Von einer Ikonenfälschung spricht man dann, wenn z. B. einer im 20. Jahrhundert entstandenen Ikone Merkmale verliehen wurden, die ein hohes Alter vortäuschen sollen. Dies kann geschehen durch bewußtes Kopieren eines alten Stils oder durch Erneuerung eines beschädigten Teils. In letzterem Fall spricht man von einer Teilfälschung. Leider gibt es noch heute in Griechenland exzellente Fälscherwerkstätten, die es fertigbringen, selbst Museen zu täuschen. Im Ikonenmuseum von Recklinghausen z. B. hing vor einigen Jahren eine „alte" griechische Ikone, die erst durch den Direktor des griechischen Ikonenmuseums in Athen, Chatzidikis, als Fälschung entlarvt werden konnte. Bei den russischen Ikonen hingegen sind Fälschungen selten.
Die naheliegendste Methode, einer jungen Ikone den Anschein einer alten, wertvolleren zu verleihen, ist, sie künstlich altern zu lassen: Die durch natürliches Altern entstandenen Merkmale können bei einem neuen Stück entweder chemisch, durch Hitzeeinwirkung oder Verwendung von altem Holz, erzeugt werden. Sehen wir uns diese Methode einmal genauer an: Um Krakelüren (das sind Risse an der Farboberfläche) vorzutäuschen, gibt es verschiedene Methoden. Bei echten Ikonen wird, wie bei Kunstwerken, die mit denselben Farbmaterialien gemalt werden, von „mager" nach „fett" gearbeitet, d. h. zuunterst trägt man den Kreidegrund auf und dann nacheinander die Farben mit steigendem Fettgehalt, zuletzt die Olifa, eine Ölschicht, die vor Feuchtigkeit und Staub schützen soll. Durch das Beachten dieser Reihenfolge wird verhindert, daß der Firnis reißt. Diese Erfahrung macht sich der Fälscher zunutze und kehrt den Vorgang um. Die Folgen sind verblüffend echt aussehende Krakelüren.
Eine andere Methode besteht darin, auf die Farboberfläche anstelle des üblichen Firnis einen Reißlack aufzutragen, der die Farben springen läßt. Um etwaige Beweismittel zu entfernen, wird der Lack später wieder abgenommen.
Die wohl laienhafteste Art, Krakelüren entstehen zu lassen, ist die, das Bild großer Hitzeeinwirkung, z. B. in einem Backofen, auszusetzen. Der hohe Wärmegrad bewirkt gleichfalls feine Haarrisse an der Bildoberfläche, die sich aber von den natürlichen Rissen durch ihre Form unterscheiden.
Wurmlöcher im Holz sind kein Garant für die Echtheit einer Ikone. Auch sie können künstlich erzeugt werden. Ebenso kann natürlich für

die Herstellung einer neuen Ikone altes Holz genommen werden (z.B. ein altes Scheunentor), so daß auf die uneingeschränkte Echtheitsgarantie eines Fachmannes und Sachverständigen beim Kauf einer Ikone nicht verzichtet werden sollte. Siehe hierzu das folgende Kapitel über Expertisen.
Darüber hinaus werden zuweilen alte Ikonen mit einer neuen Bildrandverkleidung – Basma genannt – versehen. Damit lassen sich z. B. Randschäden verdecken. Diese Veränderung gilt als Teilfälschung, sofern nicht ausdrücklich auf sie hingewiesen wird.
Sehr alte Ikonen kann man an ihrem Schnitt erkennen: Die Tafeln wurden mit dem Beil aus dem Holz geschlagen; in späterer Zeit schnitt man sie heraus. Und eine echte Goldgrundikone besitzt eine unnachahmliche Ausstrahlung, hervorgerufen durch die Goldpatina, bei der man echtes Blattgold verwendete.

Bewertung von Ikonen

Für den Erwerb von Ikonen sollte man die verschiedenen Kriterien kennen, die ein Fachmann zur Beurteilung ansetzt: Die Malqualität einer Ikone steht an erster Stelle. Dabei ist sowohl die Malweise (wie fein wurde gezeichnet? Wurde mit der Lupe gearbeitet?) als auch die Aussagekraft des Bildes zu berücksichtigen.
Von annähernd gleichgroßer Bedeutung sind Patina und Ausstrahlung. Sie werden geprägt durch die Intensität der Farben und den Goldgrund, der häufig mit einer Silberunterlage versehen ist. Entgegen weitverbreiteter Meinung ist das Alter einer Ikone nicht unbedingt ausschlaggebend für ihren Wert. Gerade altere Ikonen sind oft stark mitgenommen oder unsachgemäß restauriert, so daß Bildern jüngeren Datums, die jedoch besser erhalten und künstlerisch wertvoller sind, der Vorzug gegeben wird.
Im übrigen kann die Datierung und örtliche Einordnung einer Ikone selbst von Experten unterschiedlich beurteilt werden. Als Beispiel sei eine Paraskeva-Ikone angeführt, die in zwei Büchern abgebildet und beschrieben ist. Dieselbe Ikone wurde von Frau Doris Wild („orbis pictor", Tafel VII) mit „Byzanz 15. Jh. " aufgeführt und von Herrn H. Skobucha vom Ikonenmuseum Recklinghausen („Meisterwerke der Ikonenmalerei", S. 108) mit „kretisch 16. Jh." angegeben.
Ebenso war im Neufert-Katalog 1974 ein Johannes der Täufer (Fragment) mit „15. Jh. kretisch" ausgezeichnet, während dieselbe Ikone, die von Herrn Neufert übernommen wurde, zuvor im Rutz-Katalog mit „16. Jh. griechisch" angegeben war.
Allein dies sollte zu denken geben. In der Fachliteratur sind daher häufig *zwei* Jahrhunderte genannt (z. B. 16./17. Jahrhundert), so z. B. in dem Ikonen-Katalog von Prof. Dr. V. Elbern, Preußischer Kultur-besitz Berlin-Dahlem, wo über 12 Prozent der angegebenen Ikonen so ausgezeichnet wurden.
Wenn einzelne sogenannte Fachleute behaupten, sie könnten die Mehrzahl der Ikonen „auf weniger als 50 Jahre eingrenzen" (K. Sommer: „Ikonen", S. 259), so kann dies in Anbetracht der obigen Beispiele kaum als

seriös bezeichnet werden. Im übrigen ist es auch nicht entscheidend. Wichtig ist vielmehr die Echtheit und Qualität einer Ikone, nicht ihre genaue Altersbezeichnung oder Provenienz. Auch ein Gemälde aus dem 17. Jahrhundert kann im Preis niedriger liegen als ein qualitativ vergleichbares aus dem 19. Jahrhundert.

Der Erhaltungszustand ist wichtig. Er ist davon abhängig, wie und wo das Bild aufbewahrt wurde, ob es Wärme ausgesetzt war (z.B. durch Kerzen) oder ob es häufig in die Hand genommen und geküßt wurde. In letzterem Fall sind die sogenannten „Jahresringe", also die sichtbaren Spuren der Verehrung, ablesbar. Diese werden jedoch den Wert der Ikone nicht unbedingt beeinträchtigen – im Gegenteil, eine gesunde Patina kann nicht schaden. Außerdem sollte man auf den Zustand des Holzes (Wurmbefall, starke Beschädigungen) achten.

Die Provenienz, womit auch die Malschule gemeint ist, bestimmt ebenfalls den Wert einer Ikone. Die meisten Ikonen, die heute im Umlauf sind, können allerdings nur grob nach Regionen eingeordnet werden. Lediglich bei unter fünf Prozent ist eine exakte Bestimmung der Malschule, die meist mit einem Kloster identisch ist, möglich.

Thema und Motiv werden vor allem für den Sammler eine Rolle spielen; für die preisliche Einschätzung ist die Seltenheit der Thematik von Bedeutung. Wenn auch die Größe einer Ikone in die Werteinschätzung miteinbezogen wird, so ist letztlich doch nur die Malqualität entscheidend, nicht das Ausmaß der bemalten Fläche. Eine fachgerechte Restaurierung, sofern sie keinen größeren Umfang hat, wird den Wert eines Bildes nicht mindern. Man bedenke, daß oftmals die Ehrfurchtsbekundungen der Gläubigen selbst der Grund dafür waren, daß eine Ikone gelitten hat (z.B. sogenannte Kuss-Stellen). Ein gut restauriertes Exemplar ist ohne weiteres einem beschädigten, nicht restaurierten, vorzuziehen.

Prinzipiell kann man sagen, daß nicht nur Alter oder Größe einer Ikone ausschlaggebend sind, sondern in erster Linie die Echtheit und die künstlerische Qualität.

Was die Preisbildung angeht, so gelten hier im allgemeinen dieselben Richtlinien. Hinzuzufügen wäre die Frage nach der regelmäßigen Konservierung (Überzug mit Firnis) und natürlich der unumstößliche Faktor von Angebot und Nachfrage bzw. zu welchem Preis wurde die Ikone eingekauft. Allgemeingültige preisliche Richtlinien aufzustellen ist schwierig; dennoch wird hier der Versuch unternommen, einige Leitsatze zu liefern, die dem Sammler als Anhaltspunkt dienen mögen.

Ikonen russischer Herkunft werden preislich im allgemeinen um ein Drittel höher eingestuft als vergleichbare griechischen Ursprungs. Dies mag auf die größere Ausstrahlungskraft der russischen Kultbilder zurückzuführen sein. Sie wirken strenger, aber auch beruhigender als die farbigeren, heiteren Ikonen der Griechen.

Besonders hoch zu werten sind byzantinische Ikonen. Leider sind sie heute so rar geworden, daß sie nur noch selten auf dem Markt erscheinen. Man wird sie fast nur in Museen antreffen.

Expertisen

Vor Enttäuschungen nach dem Erwerb von Ikonen können Sie sich schützen, wenn Sie beim Kauf auf einer Expertise bestehen. Nur ein Fachmann, der sich auf Ikonen spezialisiert hat, wird ein derartiges, fachlich einwandfreies ausführliches Gutachten ausstellen können. Es ist ratsam, vorher Erkundigungen über die Seriosität des Gutachters einzuholen. Es wurden Fälle bekannt, in denen nebensächliche Werke anhand der „Expertisen" zu überhöhten Preisen verkauft werden konnten. Achten Sie darauf, daß das Zertifikat handschriftlich unterschrieben wird, mit voller Anschrift des Sachverständigen.
In dem Testat sollte zunächst die Provenienz der Ikone, d. h. ob sie griechischen oder russischen Ursprungs ist, geklärt werden. Sofern die Malschule bekannt ist, sollte auch sie angegeben werden. Fehlen Kenntnisse darüber, ist dies jedoch nicht von Nachteil.
Ebenso sollte eine ungefähre Altersangabe enthalten sein. In besonders schwierigen Fällen der Datierung kann es vorkommen, daß die Zeitspanne auch zwei Jahrhunderte beträgt. Derartige Differenzen spielen bei der preislichen Einstufung jedoch keine Rolle.
Ansonsten hat sich die Formulierung „1. Hälfte", „Mitte" oder „Ende des... Jahrhunderts" oder „um 1800" usw. eingebürgert.
Für eine vollwertige Expertise ist die ausführliche Beschreibung des dargestellten Themas unerläßlich. Hierzu gehört die Angabe der Bibelstelle, auf die sich das Motiv bezieht, sowie der kunstgeschichtliche Hintergrund; es sollte geklärt werden, wann das Thema entstanden ist, das die Ikone behandelt – dargestellte Personen werden, soweit identifizierbar, namentlich aufgeführt –, und welche Bedeutung das Motiv für den orthodoxen Gläubigen hatte. Diese Angaben sind vor allem für eine Weitergabe der Ikone, sei es Verkauf oder Erbe, wichtig, ohne sie geht ein Reiz der Ikone verloren. Weiterhin sollten Maltechnik und -qualität festgehalten werden sowie evtl. der Erhaltungszustand. Wichtig ist auch bei einer fachgerechten Expertise die Erklärung der mannigfaltigen Symbole einschließlich der Farbgebung. auch aufgezeichnete Bibelzitate sollten möglichst übersetzt werden (evtl. mit Quellenangabe).
Sollten Sie bereits eine Ikone ohne Expertise besitzen, so stellt die „Gemeinschaft der Ikonenfreunde" gegen geringe Vergütung ein Gutachten aus.
Näheres am Ende des Buches.

Sammeln von Ikonen

Wirklich populär wurde die Ikonenmalerei im Westen eigentlich erst in den letzten dreißig Jahren. Ausschlaggebend mag damals die Gründung der Ikonenmuseen in Recklinghausen und an anderen Orten gewesen sein. Aber auch die Öffnung russischer Museen für westliche Besucher hat viel zu ihrer Popularität beigetragen. 1990 hat Frankfurt/Main in Sachsenhausen am Museumsufer ein weiteres Ikonenmuseum eröffnet. Als Grundstock wird

die Sammlung des Kardiologen Dr. Schmidt-Voigt präsentiert. Auch das Museum in Mainz sowiedas Preußischen Kulturbesitzes in Berlin-Dahlenzeigen eine Ikonensammlung, die sehenswert ist.
Inzwischen schätzt man die Zahl der Ikonensammler im Bundesgebiet auf über 5000, wobei die Besitzer von Einzelstücken unberücksichtigt blieben.
Das Angebot an wirklich guten, echten Ikonen ist verhältnismäßig gering und wird aufgrund der ständig wachsenden Sammlerzahl immer geringer werden. Außerdem ist unsere Hauptquelle – die Ursprungsländer Rußland und Griechenland – versiegt: Der Export dieser Kultbilder wurde strengstens verboten. Lediglich die Serien- und Bauernikonen des Balkans sowie Ikonen des späten 19. und 20. Jahrhun derts dürfen offiziell ausgeführt werden.
Begehrte Sammlerobjekte sind heute Ikonen aus dem 17. bis 19. Jahrhundert. Frühere Bilder (Mittelalter) sind kaum noch im Handel. Sie befinden sich zum Großteil in Museen und einigen wenigen Privatsammlungen.
Die Motivationen der Sammler sind unterschiedlich. Für manchen ist der kunstgeschichtliche Aspekt vorrangig. Wegen ihrer langen Tradition sind Ikonen hervorragende Studienobjekte.
Andere betrachten Ikonen als Mittel zur Meditation und Entspannung. Durch ihre gleichsam hypnotische Ausstrahlung vermitteln sie Ruhe und Ausgeglichenheit, auf alle Fälle sind sie Zeugnisse christlichen Glaubens.
Auch lediglich als Wandschmuck werden Ikonen gerne ausgewählt. Die Schönheit der Darstellung kann mindestens genauso faszinieren wie die von Gemälden aus unserem Kulturkreis. Der geistige und ästhetische Wert von Ikonen sollte zwar gegenüber dem materiellen immer Vorrang haben, dennoch sei an dieser Stelle auch der Aspekt der Wertanlage genannt, zumal diese vergleichbare Antiquitäten meist übertrifft.
Unter den Gegenständen alter Kunst konnten Ikonen in den letzten Jahren höchste Wertzuwachsraten, nämlich bis zu 20 Prozent pro Jahr aufweisen. Im allgemeinen handelt es sich hierbei um Exemplare der Preisklasse zwischen DM 5000,– und DM 20000,–. Man stützt sich bei dieser Feststellung auf die bei Auktionen erzielten Preise. Es kann davon ausgegangen werden, daß sich diese Preisentwicklung auch in den kommenden Jahren nicht ändern wird. Dazu ist das Interesse an diesen Kultbildern zu groß. Die Überschneidung von wachsender Nachfrage und dem verbotenen Export aus den Ursprungsländern läßt die Preise weiter in die Höhe schnellen. Je rascher Sie sich also zum Kauf einer Ikone entscheiden, desto günstiger werden Sie diese erwerben. Nehmen Sie sich jedoch zumindest so viel Zeit, die vorhergenannten Bewertungsmerkmale zu überprüfen. Sogenannte „günstige Gelegenheitskäufe" entpuppen sich oft als Mißgriff.
Es ist kein Zufall, daß in letzter Zeit verschiedene Banken Ikonenausstellungen durchgeführt haben. Man wollte auf eine weitere Möglichkeit der Geldanlage hinweisen.
Will man eine Ikone verkaufen, so wende man sich an den Handel oder an ein Auktionshaus. Hier hat man die Gewähr, den objektiven „Tageskurs" zu erhalten.

Aufbau einer Ikonensammlung

Eine Ikonensammlung wird im allgemeinen nach individuellen Gesichtspunkten – abhängig von Raum, Geldbeutel und Kunstempfinden – aufgebaut. *Ein* Auswahlkriterium sollte jedoch immer ausschlaggebend sein: der persönliche Geschmack. Sie werden nur dann Freude an einer Ikone haben, wenn Ihnen Motiv und Malweise wirklich zusagen. Lassen Sie jedoch auch nicht die künstlerische Qualität sowie das Alter und die Patina außer acht.
Das Alter der Ikonen bringt Beschädigungen verschiedenen Ausmaßes mit sich; nehmen Sie diese in Kauf, wenn es sich ansonsten um ein wertvolles Stück handelt.
Obwohl die Thematik der Ikonen streng vorgeschrieben war und auch eingehalten wurde, ist die Vielfalt der Motive größer, als man zunächst annehmen möchte. Infolgedessen hat man beim Aufbau einer Sammlung genügend Variationsmöglichkeiten.
Viele Ikonensammler beginnen mit einer Nikolaus-Ikone und ergänzen sie dann durch weitere Heiligendarstellungen. Der Grund für die Beliebtheit des Hl. Nikolaus mag darin liegen, daß ihm über 150 Krankenheilungen und Wundertaten zugeschrieben wurden und er deshalb unter den zahlreichen Heiligen und anderen verehrungswürdigen Personen am häufigsten dargestellt wurde. Folglich sind auch seine Bildnisse in größerer Anzahl vorhanden und leichter zu erwerben. Sehr gefragt sind auch die verschiedenen Gottesmutterdarstellungen (mit und ohne Kind). Die über 400 Varianten bieten hier eine große Auswahl. Man unterscheidet dabei vier Grundtypen, aus denen sich alle anderen Variationen herleiten lassen:

a) die Gottesmutter *Hodegitria*, die Herrscherin oder Wegweiserin. Sie ist daran zu erkennen, daß sie mit der rechten Hand auf das Kind weist, das sie auf dem linken Arm hält. Von den vier Grundtypen ist dieser am häufigsten dargestellt und variiert worden.

b) Die Gruppe der *Eleousa* (russisch: *Umilenie)*, der Erbarmerin, umfaßt diejenigen Darstellungen, bei denen Mutter und Kind Wange an Wange wiedergegeben werden. Dazu zählen z. B. auch die berühmte Wladimirskaja, deren älteste Ikone aus dem 14. Jahrhundert in der Tretjakow-Galerie in Moskau zu sehen ist, sowie die Theodorowskaja, die sich lediglich darin unterscheidet, daß die Fußsohle des Kindes nicht sichtbar wird.

c) Die *Blachernitissa*, die Gottesmutter des Zeichens oder die Fürbitterin, erhebt beide Hände zum Himmel, Fürbitte erflehend, oder sie hält, aufrecht stehend, beide Hände vor die Brust, dem Betrachter die Handinnenflächen zeigend.

d) Bei der Gruppe der *Platytera*, der Allheiligen, die oft auch als eine Variante der Blachernitissa aufgefaßt wird, hält die thronende Gottesmutter das Kind auf dem Schoß; beide sind frontal dem Betrachter zugewandt.

Die Bezeichnung der Gottesmutter ist oft nach dem Ort benannt, an dem die Urikone angesiedelt ist: Smolenskaja in Smolensk, Korsunkaja in Korsun Wladimirskaja in Wladimir etc.

Bei den Christus-Darstellungen unterscheiden wir drei Grundformen:

a) *Mandylion.* Hier wird das Christushaupt auf einem Tuch abgebildet. Diese Darstellungsweise geht auf die Überlieferung zurück, daß Christus sein Antlitz auf ein Tuch gedrückt haben soll, als ihn der syrische König Abgar V. von Edessa um sein Bild bat.
Es ist bis heute in Fachkreisen umstritten, ob dieses „nicht von Menschenhand geschaffene Antlitz Christi" – wie es die Russen treffend bezeichnen – identisch sein könnte mit dem sogenannten Turiner Grabtuch, das in unseren Tagen mit modernsten technischen Mitteln untersucht wurde. Hierbei konnte festgestellt werden, daß dieses Tuch, welches den Corpus Christi umschloß, tatsächlich um die 2000 Jahre alt sein muß.

b) Der *Pantokrator* (griechisch: Allherrscher) wurde zu einem Grundthema der Ikonographie. Wir finden das Motiv in den meisten östlichen Kirchen – häufig in Mosaikdarstellungen – unter der Kuppel, dort wo Christus seinem Vater am nächsten ist.
Hierbei kann auf Ikonen die Christus-Darstellung halbfigurig, ganzfigurig oder als Haupt mit Schulteransatz aufgezeichnet sein.

c) *„Das grimme Auge"* zeigt Jesus mit einem scharfen, strengen Blick, gleichsam als wolle er den Gläubigen zu einem frommen Leben ermahnen.

Für diejenigen, die lebhafte, vielfigurige Ikonen vorziehen, eignen sich besonders die Festtags-, Monats- und Jahresikonen. Für den Sammler ist es z. B. reizvoll, alle zwölf Monatsikonen zu erwerben.
Neben den orthodoxen Festtagen wurden auch häufig biblische Geschehnisse gemalt. Dazu zählen z. B. die Lebensdarstellungen Christi und der Gottesmutter sowie aller Heiligen.
Wenn man Ikonen mit diesen Themen sammelt, sollte man auch die dazugehörigen Bibelstellen kennen, um die Aussage besser verstehen zu können.
Bei der Auswahl der Ikonen spielen häufig auch persönliche Beweggründe mit, die sich auf das Geschehen selbst oder auf bestimmte Details beziehen. Der passionierte Reiter sucht vielleicht eine Darstellung, auf der auch ein Pferd zu sehen ist (z. B. der heilige Georg auf seinem Schimmel im Kampf mit einem Drachen, oder der heilige Dimitrios auf einem Rappen); ein anderer wünscht eine Ikone mit seinem Namensheiligen, und der Arzt mag ein Bildnis seiner Standesheiligen Cosmas, Damian oder Pantheleimon vorziehen. Fortgeschrittene Sammler, die sich bereits mit dem diffizilen Thema der Stilanalyse beschäftigt haben, wollen vielleicht Ikonen gleicher Themen, aber von verschiedenen Malern, Malschulen oder aus verschiedenen Zeiten sammeln, um sie auf ihre feinen Divergenzen hin zu vergleichen.
In letzter Zeit versuchen viele Sammler, die Monatsikonen der Geburtstage ihrer Familienangehörigen zu erwerben, oder auch alle zwölf Monate. Das hat die Preise der Monatsikonen, auf denen die Namensheiligen jedes Tages und die Festtage des betreffenden Monats aufgezeichnet sind, stark in die Höhe schnellen lassen.

Pflege und Plazierung von Ikonen

Ikonen, auch wenn sie ursprünglich für Kirchen und Klöster sowie für die „Andachtsecke" im Hause der orthodoxen Gläubigen bestimmt waren, werden in unseren modernen Wohnungen keineswegs befremdend wirken. An einem geeigneten Platz aufgehängt, wird die Ikone auch heute noch ihre mystische Wirkung nicht verfehlen.

Wichtig ist eine konstante Raumtemperatur, die möglichst zwischen 18° und 20° liegen sollte. Die Luftfeuchtigkeit sollte mindestens 55 Prozent betragen. Weiterhin sollte man darauf achten, daß das Bild nicht an einer Außenwand, bzw. in der Nähe eines Fensters hängt; hohe Temperaturschwankungen lassen das Holz leicht springen. Auch zu grelles und starkes Sonnenlicht schadet. Niemals sollte man Ikonen einer starken UV-Strahlung aussetzen. Mit anderen Worten: Ikonen sind nicht empfindlicher als Gemälde, im Gegenteil.

Ab und zu sollten Ikonen mit einem weichen Pinsel, am besten aus Ziegenhaar, vorsichtig abgestaubt werden. Um häufiges Berühren der Kunstwerke zu vermeiden, kann man den Staub in der Zwischenzeit abblasen.

Gelber „Staub" am Boden unter der Ikone kann auf Holzwurmbefall hindeuten. Entnehmen Sie eine Probe und lassen Sie den Fachmann entscheiden, ob es sich um altes oder frisches Bohrmehl handelt. In letzterem Fall wende man sich an einen Restaurator, der das Holz entsprechend bearbeitet. In jedes Wurmloch spritzt er mit einer Injektionsnadel ein Mittel, das die Würmer tötet und gleichzeitig das Holz festigt. Manche Museen besitzen eine Gaskammer, in der die Schädlinge getötet werden.

Auch wenn es noch so einfach aussieht: Probieren Sie auf keinen Fall selber, an einer Ikone eine „Holzwurmkur" durchzuführen; die Flüssigkeit kann an einer Stelle auslaufen und die Bildoberfläche zerstören!

Eine Verglasung von Ikonen sollte nur vorgenommen werden, wenn es unbedingt nötig ist. Eine nicht fachmännisch gearbeitete Verglasung schadet der Ikone nämlich mehr als sie ihr nützt: Das Holz „erstickt", wenn der Abstand zwischen Bildoberfläche und Glas nicht groß genug ist. Außerdem reflektiert Glas das Licht, was sich beim Betrachten des Bildes unvorteilhaft auswirkt. Überlassen Sie also eine Verglasung, wenn sie unerläßlich ist, einem Fachmann. Auch eine nachträgliche Rahmung beeinträchtigt die Ausstrahlung einer Ikone und entspricht nicht dem ursprünglichen Originalzustand: Ikonen werden nicht gerahmt.

Wie Sie die Ikonen anordnen, hängt von den räumlichen Verhältnissen sowie vom Zusammenhang des Themenkreises ab. Auch neben- oder übereinander werden Ikonen nicht an Wirkung verlieren; schließlich waren diese Kultbilder als geschlossene Einheit – wie bei der Ikonostase – gedacht. Ein altes russisches Sprichwort besagt: „Eine einzelne Ikone ist einsam." Auch in der privaten Ikonenecke bringen immer mehrere Ikonen beisammen. Darauf beruht ihre Wirkung: Eine Ikone belebt die nächste.

Werden sie gänzlich ohne Zwischenraum auf-

gehängt, sollten Farben und Malweise in etwa zusammenpassen. Auch die Harmonie zwischen Möbeln, anderen Gemälden und den Ikonen sollte gewahrt bleiben. Im allgemeinen fügen sich Ikonen in jeden auch modernen Raum ohne Schwierigkeiten ein, wenn diese Hinweise beachtet werden.
Bei überdurchschnittlich großen Ikonostasentafeln mit Abmessungen von 1x2 Metern oder mehr sollte man berücksichtigen, daß die Tafeln wegen ihrer Größe einen entsprechenden Abstand vom Betrachter erfordern, d. h., der Raum muß entsprechend groß sein.

Aufhängen

Bei normalgroßen Ikonen (bis etwa 35x45 Zentimeter) reicht im allgemeinen *eine* starke Hakenschraube aus, bei größeren Formaten sollte man zwei Schrauben verwenden, an denen eine starke Schnur oder ein Draht befestigt wird. Die Schrauben werden in der Mitte – bzw. bei den großen Stücken außen – etwa 5 bis 10 Zentimeter unterhalb des Randes angebracht; dadurch erhalten die Ikonen eine leichte Schräge nach unten. Auf diese Art treten nur minimale Lichtreflexe auf, und auch Staub kann sich auf der Bildfläche nicht festsetzen.

Ausleuchten

Erst im Licht entfalten Ikonen ihren mystischen Zauber, erblühen die Farben, doch das Licht muß warm sein. Neonlicht ist meistens zu kalt und daher ungeeignet. Zu empfehlen sind Einzelstrahler bzw. Punktstrahler oder Leuchten in der Art von Gemälde-, Nähmaschinen- oder Klavierleuchten. Das Licht sollte dezent sein – man kann z. B. eine nicht zu starke, mattierte Glühbirne verwenden –, denn zu kräftige Lichtstrahlen beeinträchtigen die Ausstrahlung des Bildes. Man bedenke, daß Ikonen für Kerzenlicht geschaffen wurden.

Restaurierung

Es muß dringend davor gewarnt werden, Restaurierungen selbst vorzunehmen! Oftmals sind die durch unsachgemäßes „Restaurieren" entstandenen Schäden größer als die eigentliche Beschädigung, und der Restaurator wird alle Mühe haben, diese zu beseitigen. Er wird immer bemüht sein, die restaurierenden Eingriffe so gering als möglich zu halten, denn für ihn ist die Bewahrung des Alten, Echten erstes Gebot. Jede seiner Veränderungen muß reversibel sein.
Sofern es der Bildzustand erlaubt, wird der Restaurator sich auf die Verleimung von Rissen und die Erneuerung des Firnis beschränken. Abgeblätterte Malschichten festigt er mit Spezialklebern, die an den losen Stellen eingespritzt werden.
Vertrauen Sie sich also nur einem Restaurator an, der auf Ikonen spezialisiert ist (nicht auf Gemälde). Dieser kann gegebenenfalls die „Gemeinschaft der Ikonenfreunde" nachgewiesen werden.
(Siehe S. 177)

Bücher der Bibel

Orthodoxe Bezeichnung	Katholische Bezeichnung
Esra	1. Esra
Haggai	Aggäus
Hesekiel	Ezechiel
Hiob	Job
Hosea	Osee
Jesaja	Isaias
1. u. 2. Königsbuch	3./4. Könige
Maleachi	Malachias
Micha	Michäas
Nehemia	2. Esra
Obadja	Abdias
Sacharja	Zacharias
1. u. 2. Buch Samuel	1. u. 2. Könige
Zephanja	Sophanias

Kreuzsymbole:	
+	**Griechisches Kreuz**
†	**Lateinisches Kreuz (Passions-Kreuz)**
T	**Ägyptisches Kreuz (Antonius-Kreuz)**
⸸	**Peterskreuz**
X	**Andreaskreuz**
Y	**Schächerkreuz**

Verschiedene Formen der Ikone	
	Einzelikone
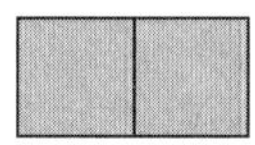	Diptychon
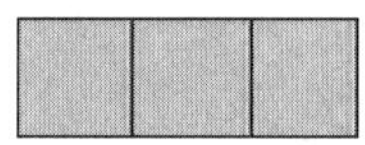	Triptychon
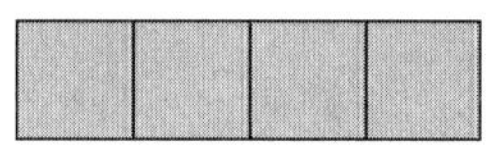	Tetraptychon

Die Apostel, Propheten und Engel

Die Apostel

Die zwölf Jünger Jesu heißen:

Petrus	Matthäus
Andreas	Thomas der Jüngere
Jakobus der Ältere	Simon
Johannes	Thaddäus
Philippus	Matthias
Bartholomäus	Judas

Nach dem Verrat des Judas wurde Paulus zum Apostel berufen.

In der byzantinischen Kunst gehören zu den Aposteln auch die vier Evangelisten. Zwei Evangelisten, Matthäus und Johannes, galten immer als Apostel, aber Markus und Lukas sind in der byzantinischen Kunst erst später unter die 12 Apostel aufgenommen worden. Deshalb mußten die von Christus berufenen Apostel dem Thaddäus und Jakobus weichen.

Die Propheten

Das Wort Prophet stammt aus dem Hebräischen und heißt Verkünder (des göttlichen Willens) und Weissager. Es gibt Propheten des Alten und des Neuen Testamentes.

Man unterscheidet die vier großen Propheten (ihre Attribute jeweils in Klammern gesetzt):

Isaias	(Säge)
Jeremias	(Rute, Wächterstab)
Ezechiel	(Tor mit Türmen)
Daniel	(Löwe oder Widder)

Diese vier Propheten werden den vier Evangelisten gegenübergestellt.

Außerdem spricht man von den zwölf kleinen Propheten, welche den zwölf Aposteln gegenübergestellt werden:

- Oseas
- Joel (Löwe)
- Amos (Hirtenstab, Schafe)
- Abdias (Krug, Brot)
- Nahum (Bergspitzen)
- Jonas (Fisch, Kürbisstaude)
- Micha
- Habakuk (Schnecke, Horn)
- Sophonias (Laterne)
- Haggai (Geldbeutel)
- Zacharias (Tempelbau)
- Malachias (Maleachi) (Engel)

Elias und sein Jünger Elisa (Elisäus) werden ebenfalls den Propheten zugerechnet.

Außerdem gibt es noch folgende Propheten:

Moses
David (Prophetenfürst)
Salomon (Prophetenfürst)

Baruch
Nathan
Achias
Sameas
Joad
Azarias
Ananias

Aaron Or Samuel	Altväter außerhalb der Genealogie gem. Kap. 202 des Malerhandbuches Athos

Die Engel

Man unterscheidet neun Engelchöre (nach A. v. Maltzew):

1. Seraphim (sechsflügelig)
2. Cherubim (vieläugig)
3. Thronen (gotttragend)

4. Herrschaften
5. Kräften
6. Mächte

7. Fürstentümer
8. Erzengel
9. Engel

Die sieben bzw. acht Erzengel sind Symbole der himmlischen Kräfte. Der Stab in ihrer Rechten soll diese Macht demonstrieren. Der achte Erzengel Salathiel wird nur selten aufgeführt und ist umstritten.

Hierarchische Rangstufen

Auf Ikonen finden wir insbesondere folgende orthodoxen Würdenträger dargestellt:

Patriarchen
Man versteht darunter einen Bischof, der Weisungsrecht über alle Bischöfe einschließlich Metropoliten, über den Klerus und über die weiteren Gläubigen besitzt.

Metropoliten
Das sind Bischöfe einer Provinzhauptstadt. In Griechenland werden diese heute auch Diözesanbischöfe genannt.

Archimandriten
Mit diesem Titel wurden früher Obere eines größeren Klosters bezeichnet. Ein Archimandrit darf die sogenannte Mitra tragen.

Bischöfe und Erzbischöfe sind gewöhnlich an einem Medaillon erkennbar, das sie auf der Brust tragen. Einzelne begnügen sich aber auch nur mit einem Brustkreuz, welches sie über ihrer Tunika tragen. Über die Schulter haben sie ihr Omophorion, ein breites Stoffband, gelegt. Die Mitra der byzantinischen Bischöfe hat die Gestalt einer Krone.
Mönche und Würdenträger tragen oft einen zylinderförmigen Hut als rohrförmige Kopfbedeckung, darüber einen schwarzen Schleier, häufig auch Zeremonienstöcke mit großem Silberknauf.

Transkriptions- und Transliterationssystem der modernen russischen Sprache:									
Lfd. Nr.	Gedruckt	Geschrieben	Transliteration	Transkription	Lfd. Nr.	Gedruckt	Geschrieben	Transliteration	Transkription
1	А а	*А а*	a	a	22	Х х	*Х х*	ch	h
2	Б б	*Б б*	b	b	23	Ц ц	*Ц ц*	z	c
3	В в	*В в*	w	v	24	Ч ч	*Ч ч*	tsch	č
4	Г г	*Г г*	g	g	25	Ш ш	*Ш ш*	sch	š
5	Д д	*Д д д*	d	d	26	Щ щ	*Щ щ*	schtsch	šč
6	Е е	*Е Ё е ё*	e	e	27	Ъ ъ	*ъ ъ*	–	″
7	Ж ж	*Ж ж*	sch	ž	28	Ы ы	*ы ы*	y	y
8	З з	*З з з*	s	z	29	Ь ь	*ь ь*		′
9	И и	*И и*	i	i	31	Э э	*Э э*	e	ė
10	Й й	*Й й*	i	j	32	Ю ю	*Ю ю*	ju	ju
11	К к	*К к*	k	k	33	Я я	*Я я*	ja	ja
12	Л л	*Л л*	l	l					
13	М м	*М м*	m	m					
14	Н н	*Н н*	n	n					
15	О о	*О о*	o	o					
16	П п	*П п*	p	p					
17	Р р	*Р р*	r	r					
18	С с	*С с*	s	s					
19	Т т	*Т т*	t	t					
20	У у	*У у*	u	u					
21	Ф ф	*Ф ф*	f	f					

Altkirchenslavisches Alphabet:					
Lfd. Nr.	Kyrillisch	Lat. Umschreibung	Lfd. Nr.	Kyrillisch	Lat. Umschreibung
1	а	a	22	ф	f
2	Б	b	23	Х	ch
3	В	v	24	ѡ	o
4	Г	g	25	щ	št
5	Д	d	26	Ц	c
6	є	e	27	ч	č
7	Ж	ž	28	Ш	š
8	ѕ	dz	29	Ъ	ъ
9	з	z	30	ЪІ ЪИ	y
10	И	i	31	ь	ь
11	І	i	32	Ѣ	ě
12	К	k	33	Ю	ju
13	Л	l	34	Ꙗ	ja
14	М	m	35	Ѥ	je
15	Н	n	36	Ѧ ѧ Ѧ	ę
16	О	o	37	Ѫ	ą
17	П	p	38	Ѩ	ję
18	Р	r	39	Ѭ	ją
19	С	s	40	Ѯ	ks (gr. ξ)
20	Т	t	41	Ѱ	ps (gr. ψ)
21	ОУ	u	42	Ѵ	gr. υ

Schematische Übersicht über östliche Kulturen:

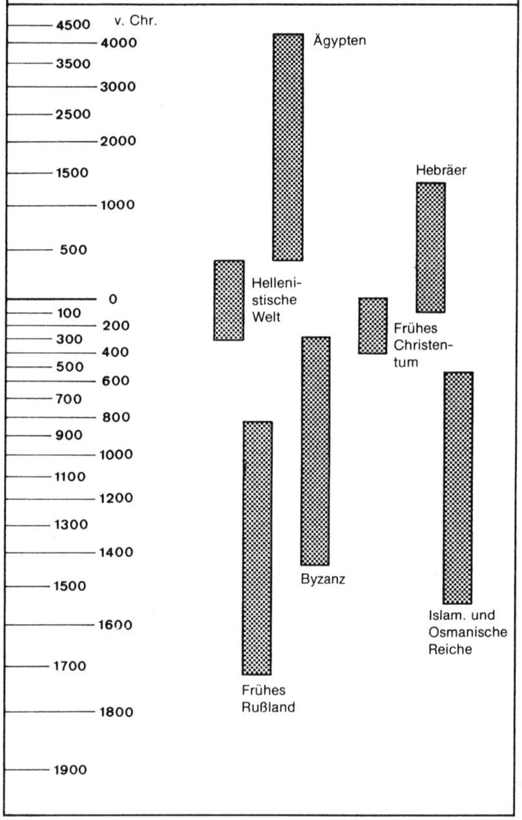

Die byzantinischen Dynastien:

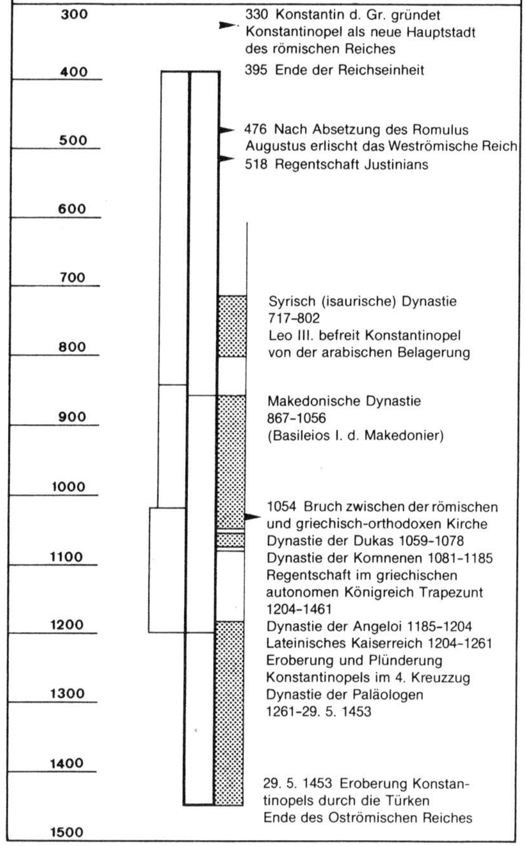

Zeittafel des Geschlechts der Rurikiden

862 Rurik († 879) gründet in Nowgorod die erste russische Herrscher-Dynastie

879 Oleg (879-912), ein Verwandter Ruriks, erobert Kiew und verlegt 882 die Hauptstadt nach Kiew

913 Igor (877-945), Nachfolger Olegs und Herrscher von Kiew

945 Tod Igors, Olga, seine Gattin (945-969), regierte nach dem Tod ihres Mannes und ließ sich 955 taufen. Sie ist die erste russische Christin

972 Tod Swjatoslaws (945-972), Sohn der Fürstin Olga, Großfürst von Kiew, blieb bis zu seinem Tod Heide. Nach seinem Tode Kampf seiner Söhne um die Thronfolge

978 Wladimir I. (später der Heilige), Enkel der Fürstin Olga, wird Alleinherrscher der Kiewer Rus

988 Wladimir läßt sich und das russische Volk taufen und nimmt das orthodoxe Christentum als Staatsreligion an

1015 Tod Wladimirs (15. 7. 1015)

1015 Boris und Gleb, die jüngsten Söhne Wladimirs und seiner Gattin Anna von Byzanz aus 2. Ehe, werden von ihrem Bruder Swjatopolk ermordet und 1019 kanonisiert

1036 Jaroslaw (der Weise; 978-1054), Sohn Wladimirs aus 2. Ehe, wird Großfürst von Kiew, veranlaßt die Gesetzessammlung „Russkaja Prawda"

1054 Tod Jaroslaws (Regierungszeit 1019-1054)

1113 Wladimir II. Monomach, Sohn Wsewolods (1030-1093), wird Großfürst von Kiew (Regierungszeit 1113-1125). Den Beinamen Monomach hatte er zu Ehren seines griechischen Großvaters Konstantin IX. Monomachos (1042-1054) erhalten

1125 Tod Wladimirs II. Monomachos, Stammvater der Moskauer Großfürsten

1147 Erstmalige Erwähnung Moskaus in einer russischen Chronik

1157 Tod Jurij Dolgurukijs, Fürst von Nowgorod (1090-1157)

1169 Andrej Bogoljubskij plündert Kiew

1174 Tod Andrej Bogoljubskijs

1212 Tod des Großfürsten Wsewolod III. (1154 bis 1212) von Wladimir-Susdal (Regierungszeit 1176-1212)

1237-40 Mongoleneinfall unter Batu Khan und Zerstörung Kiews

1240 Sieg des Großfürsten Alexander Newskij von Nowgorod über die Schweden an der Newa, daher der Beiname „Newskij"

1242 Sieg Alexander Newskijs über den Schwertritterorden am Peipussee

1252 Alexander Newskij Großfürst von Rußland

1263 Tod Alexander Newskijs (1220-1263). Sein jüngster Sohn Daniil (1261-1303) erhält das Großfürstentum Moskau

1328 Iwan I. Kalita (Geldsack; 1304-1341) wird Fürst von Moskau und macht Moskau zur Hauptstadt (bis 1712)

1328 Verlegung des Metropolitensitzes von Wladimir nach Moskau

1341 Tod Iwans I.

1353-59 Iwan II. (1326-1359)

1380 Dmitrij Donskoj (1351-59) besiegt die

Tataren am Don (Schlacht von Kulikowo)

1389-1425 Regierungszeit Wassilijs I. (1371-1425)

1425-62 Regierungszeit Wassilijs II.

1462-1505 Regierungszeit Iwans III. (1440-1505) des Großen, Großfürst von Moskau, er nimmt den Titel Zar (Cäsar) an

1472 Iwan III. heiratet Sophia Palaiologa von Byzanz. Der byzantinische Doppeladler wird als Wappen Rußlands übernommen

1478 Iwan III. annektiert Nowgorod. Nowgorod verliert seine 500jährige Selbständigkeit

1480 Iwan III. befreit Rußland von der Tatarenherrschaft (Goldene Horde)

1485 Iwan III. annektiert Twer (früher Kalinin)

1505 Tod Iwans III.

1506 Wassilij III. (1479-1533), Sohn Iwans III., wird Herrscher über Rußland

1510 Pskow (früher Pleskau) wird annektiert und verliert seine Selbständigkeit

1514 Smolensk verliert Selbständigkeit

1533 Iwan IV. (Grosny, der Schreckliche; 1530-1584) wird Zar von Rußland

1547 Iwan IV. wird offiziell zum Zaren gekrönt und heiratet Anastasija Romanowna

1547 Brand von Moskau

1550 Hundertkapitelsynode (Stoglaw) unter Iwan IV.

1552 Iwan IV. erobert die Stadt Kasan

1556 Iwan IV. erobert Astrachan

1584 Tod Iwans IV. Sein schwächlicher Sohn Fjodor (1557-1598) wird sein Nachfolger und letzter Zar aus dem Geschlecht der Rurikiden

1591 Fürst Dmitrij (1582-1591) wird in Uglitsch ermordet

1598 Tod Fjodors und damit Aussterben des legendaren Geschlechts der Rurikiden

Die Rurikiden (9.–12. Jh.)

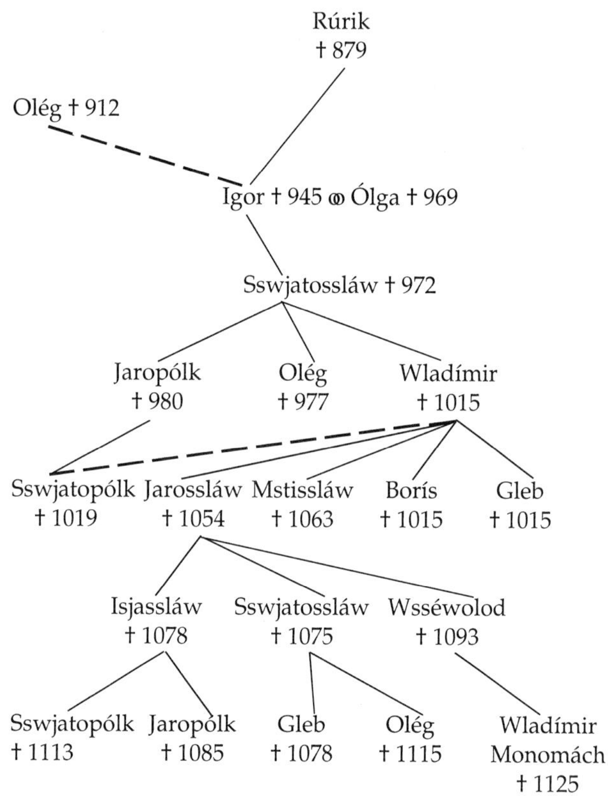

Die Gemeinschaft der Ikonenfreunde

Die Gemeinschaft der Ikonenfreunde (GdI) besteht seit dem Jahr 1952 und wurde im Anschluß an die erste Ikonenausstellung nach dem Krieg in Europa gegründet. Diese fand im Kestner-Museum, Hannover, statt. Organisator war Dr. H. C. Wendt. Seine bedeutende Sammlung bildete nach seinem Tod den Grundstock für das Ikonenmuseum in Recklinghausen. Die GdI soll in seinem Sinn fortgeführt werden.
Ihre Mitglieder bevorzugten bislang die Form eines Verbandes, also nicht die des eingetragenen Vereins, um den Organisationsaufwand so gering wie möglich zu halten.
Hauptanliegen der GdI ist es, die Liebe zur Ikonenkunst durch Gedankenaustausch der einzelnen Mitglieder zu fördern. Außerdem ist sie bei der kunsthistorischen und preislichen Einstufung von Ikonen behilflich und berät ihre Mitglieder kostenlos bei Tausch, An- und Verkauf.
Jährlich werden ein bis zwei Studienreisen veranstaltet. Die bisherigen Reisen führten nach Rußland (5x), Griechenland (2x), griechische Inseln einschl. Kreta, Zypern und Patmos, Israel, Ägypten einschl. Sinai, Jugoslawien, Rumänien, Bulgarien, Finnland, Türkei, Italien einschl. Venedig mit drei Ikonen-Museen und Apulien sowie Albanien.
In Vorbereitung sind Ost-Türkei und Süd-Rußland.
Die Organisation und Durchführung von Ikonen-Sonderausstellungen im In- und Ausland ist eine weitere Aufgabe der GdI.
Einmal im Jahr findet eine Tagung statt, auf der maßgebende Fachleute und Sammler mit Referaten und Lichtbildervorträgen den Interessenten informieren. Besonderer Wert wird gelegt auf eine sachliche Information der Öffentlichkeit und der Mitglieder über alles, was mit Ikonen zusammenhängt, einschließlich der Publikaiton von Fachliteratur.
Die GdI betreut zur Zeit über 5000 Mitglieder und Interessenten, die regelmäßig über Neuigkeiten auf dem Gebiet der Ikonen informiert werden. Dazu gehören Neuerscheinungen fachbezogener Bücher, Ikonenausstellungen und Fachmessen, Jahresversammlungen und Reisen.

Die GdI hat bisher u.a. folgende museale Ausstellungen ausgerichtet:

Kestner-Museum, Hannover	1952 und 1977
Städt. Museum, Göttingen	1953 und 1983
Braunschweiger Museum	1953
Kubus, Hannover	1977
Mindener Museum für Geschichte, Landes- und Volkskunst, Minden	1979
Marktkirche, Hannover	1984
Heimat-Museum, Springe	1986.

Interessenten können sich an folgende Adresse wenden:

Gemeinschaft der Ikonenfreunde
Machandelweg 11
3000 Hannover 21
Telefon 0511/63 36 67

Bibelstellen

nach Themen der Ostkirche
(mit Angabe der orthod. Festtage):

Abkürzungen:
Mt. = Matthäus
Mk. = Markus
Lk. = Lukas
Jh. = Johannes

Abendmahl, Mt. 26, Jh. 13, Mk. 14, Lk. 22
Abraham, 1. Mos. 11–18
Adam und Eva, 1. Mos. 1–3
Ägypten, Reise nach, Mt. 2, 14–15
Alttestamentliche „Trinität", 1. Mos. 18, 1–15
Anastasis, Auferstehung Christi, Mt. 28, Mk. 16, Lk. 24, Jh. 20

Bekenntnis des Petrus, Mk. 16, 13–20
Beschneidung Christi, Lk. 2, 21
1. Januar
Blindgeborener, Heilung, Jh. 9, 1–41, Mt. 20, 29–34, Mk. 10, 46–52, Lk. 18, 35–43

Daniel, Dan. 1, 2
Darstellung Christi im Tempel, Lk 2, 22–40
2. Februar
David, 1. Sam. 16, 2. Sam. 2–7, 10–12, 24, 1. Kön. 1, 2, 1. Chron. 22–30

Einführung Mariä in den Tempel (hauptsächlich liturgische Texte)
21. November
Einzug in Jerusalem, Mt. 21, Mk. 11, Lk. 19, Jh. 12
Palmsonntag
Elias, 1. Kön. 17–19 und 21, 2. Kön. 2. 4, 2. Kön. 9
Elisaeos (Elisa), 1. Kön. 19, 19–21, 2. Kön. 2. 4, 2. Kön. 5 und 6
14. Juni

Flucht nach Ägypten, Mt. 2, 13–23
Frauen am Grabe (Maria Magdalena), Mt. 28, 1–10, Mk. 16, 1–8, Lk. 24, 1–12, Jh. 20, 11–18
Fußwaschung, Jh. 13, 1–17

Gabriel, Erzengel, Lk. 1, 26–38
Geburt Christi, Lk. 2, 1–20, Mt. 2, 1–12
25. Dezember
Gefangennahme, Mt. 26, 47–56, Mk. 14, 43–52, Lk. 22, 47–53, Jh. 18, 1–11
Geißelung Christi, Mk. 15, 15
Gelähmter, Heilung, Mk. 2, 1–12, Lk. 5, 17–26
Gethsemane, Mt. 26, Mk. 14, Lk. 22, Jh. 17–18
Grablegung, Mt. 27, 57–66, Mk. 15, 42–47, Lk. 23, 50–56, Joh. 19, 38–42
Karfreitag
Gründonnerstag, Joh. 13, 1–20. 1. Kor. 11, 17–34

Herodes, siehe Jesus vor . . .
Himmelfahrt, Mt. 28 (Andeutg. innerh. d. Missionsbefehls), Mk. 16 (im Anschl. an den Missionsbefehl), Lk. 24 (im Anschl. an die Verheißung d. Geistes), Apg. 1 (im Anschl. an die Verheißung d. Geistes)
Hochzeit zu Kana, Jh. 2, 1–11

Isaak, 1. Mos. 21–27

Jakobs Traum, 1. Mos. 10–13
Jesus im Tempel, zwölfjährig, Lk. 2, 41–52
Jesus v. d. Hohen Rat, Mt. 26, 57–68, Mk. 14, 53–65, Lk. 22, 63–71, Jh. 18, 12–24
Jesus vor Pilatus und Herodes, Mt. 27, 11–26, Mk. 15, 1–19, Lk. 23, 1–12, Kh. 18, 28–40
Karfreitag bzw. Palmsonntag
Johannes der Täufer (Vorläufer), Vita, Mt. 3, 1–12, Lk. 1, 57–80, Lk. 3, 1–18, Mk. 1, 1–8
Johannes der Täufer (Vorläufer), Tod des Mt. 14, 1–2, Mk. 6, 14–29, Lk. 3, 19–20, Lk. 9, 7–9
Jonas, Seefahrt, Jonas 1, 13–15; Walfisch, Jonas 2, 1–11
Judas, siehe Verrat des . . . Josua, Jos. 9–24

Kindermord zu Bethlehem, Mt. 2, 16–18
Kreuzerhöhung, Joh. 3, 14–21
14. September
Kreuzigung, Mt. 27, 31ff, Mk. 15, 20ff, Lk. 23, 26ff, Jh. 19, 16ff
Karfreitag

Lazarus, Auferweckung, Joh. 11

Mariä Geburt (Apokryphes Protoevangelium Jakobs und spätere Apokryphen)
8. September
Marien Tod *15. August*
Moses, 2. Mos. 1–11, 4. Mo. 26–27, 5. Mos. 1–35

Petrus, Bekenntnis, Mk. 16, 13–20
Petrus, Fischzug, Lk. 4, 31–5, 11 (siehe auch „Bekenntnis d. Petrus" u. „Verleugnung d. Petrus")
Petrus, Verleugnung (Ehe der Hahn kräht, wirst du mich dreimal verleugnen), Mt. 26, 31–35, 69–75, Mk. 14, 27–31, 66–72, Lk. 22, 31–34, 54–62, Jh. 13, 36–38, Jh. 18, 15–27
Pilatus, siehe Jesus vor Pilatus
Pfingsten, Apg. 2

Stephanus, Apg. 6, 7

Taufe im Jordan, Mt. 3, 13–17, Mk. 1, 9–13, Lk. 3
6. Januar
Tempelreinigung (Ausweisung der Wechsler), Mt. 21, 12–13, Mt. 11, 15–19, Lk. 19, 45–48, Jh. 2, 13–17

Ungläubiger Thomas, Jh. 20, 24–31

Verklärung, 1. Kön. 18, 2. Kön. 2, 1–11 Elias Himmelfahrt u. Geistmitteilung V. 12–18 an Elias, Mt. 16, 17, Mk. 8, 9, Lk. 9, 18–36
6. August
Verkündigung, Lk. 1, 26–38, Apokryphe Jakobus, Kp. 11 *25. März*
Verrat des Judas, Mt. 26, 14–16, Mt. 27, 3–10, Mk. 14, 44–45, Lk. 22, 3–6, 47–48, Jh. 13, 21–30, Jh. 18, 3–5
Verurteilung Jesu und Verspottung, Mt. 27, 15–30, Mk. 15, 6–19, Lk. 23, 13–25 (nur Verurteilung), Jh. 19, 1–3 Verspottung, 4–16 Verurteilung

Register

Alexander Newskij, hl. 97
Andreas, Narr 67, 68
Awiw, hl. 34

Basma 13

Christus Emanuel 79
Christus Pantokrator siehe Pantokrator 75
Cosmas, hl. 1, 2, 3, 4, 49

Damian, hl. 1, 2, 3, 4, 49
Deesis 76
Deesis, erweiterte 76
Dreihändige Gottesmutter 71

Elias, Prophet 51
Elisäus, Prophet 51
Engel 48

Festtagsikonen 5, 6, 7, 8
Florus, hl. 52

Gottesmutterdarstellungen 73, 71, 69, 66
Gottesmutter, aller bedrängten Freude 61, 62
Gottesmutter der Schmerzen 72
Gottesmutter des Zeichens 70
Gottesmutter – Helferin aller Leidenden 61, 62
Gottesmutter Hodegitria 56
Gottesmutter Kostoromskaja siehe Gottesmutter Theodorowskaja 63, 64
Gottesmutter Pelagonitissa 65
Gottesmutter Pokrov 67, 68
Gottesmutter vom unverbrennbaren Dornbusch 57, 58, 59
Gottesmutter von Kasan (Kasanskaja) 60
Gurij, hl. 34

Hausikonostase 25
Hodegitria siehe Gottesmutter Hodegitria 56

Ikonostase 23, 24, 25
Ikonostasenikone 23, 24, 25, 26